安全生产百分百学习系列手册

职业病防治知识学习手册

主　　编　张龙连

副 主 编　卢　玲　林　英　孟　超

编写人员　杜晓静　房　云　梁　政

　　　　　刘丽霞　李海月　马　璨

　　　　　孙志峰　张飞若　吴　丹

中国劳动社会保障出版社

图书在版编目（CIP）数据

职业病防治知识学习手册/张龙连主编. -- 北京：中国劳动社会保障出版社，2018

（安全生产百分百学习系列手册）

ISBN 978-7-5167-3439-1

Ⅰ.①职… Ⅱ.①张… Ⅲ.①职业病-防治-手册 Ⅳ.①R135-62

中国版本图书馆 CIP 数据核字（2018）第 075425 号

中国劳动社会保障出版社出版发行

（北京市惠新东街 1 号 邮政编码：100029）

*

三河市潮河印业有限公司印刷装订 新华书店经销

880 毫米×1230 毫米 32 开本 5.5 印张 114 千字

2018 年 5 月第 1 版 2024 年 4 月第 8 次印刷

定价：15.00 元

营销中心电话：400-606-6496

出版社网址：http://www.class.com.cn

内容提要

本书以《中华人民共和国职业病防治法》为主线，从什么是职业病、职业病是怎么得的、如何知道自己得了职业病、得了职业病有什么待遇等入手，针对劳动者在工作场所中如何预防职业病危害、用人单位应当承担哪些责任等问题，深入浅出地为读者介绍了职业病防治基础知识，旨在通过劳动者不断提高自我防护能力，逐步提升我国职业病防治整体水平。

目 录

第一章 职业病常识

第二章 发生职业病的主要原因

第三章 我国职业病防治政策法规

第四章　用人单位职业病防治

第五章　职业病诊断与鉴定

第六章　职业病病人保障与待遇

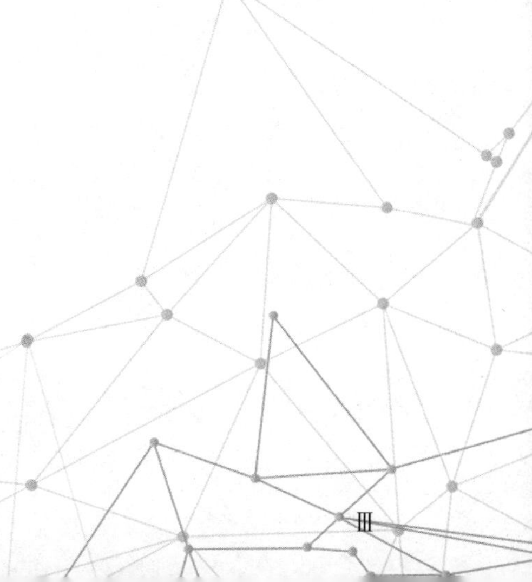

第一章

职业病常识

1. 法定职业病

医学上所称的职业病，泛指当劳动者在生产劳动及其他职业活动中接触的职业性有害因素（如有毒有害物质、生物因素、不良的气象条件、不合理的劳动组织、恶劣的卫生条件等）作用于人体并造成人体功能性或器质性病变时所引起的疾病。

《中华人民共和国职业病防治法》（以下简称《职业病防治法》）中定义的职业病，是指企业、事业单位和个体经济组织等用人单位的劳动者在职业活动中，因接触粉尘、放射性物质和其他有毒、有害因素而引起的疾病。这是国家立法意义上的职业病概念，也称之为法定职业病。尽管职业病是由于职业活动而产生的疾病，但并不是所有在工作中得的病都是职业病。构成职业病必须具备以下 4 个条件，缺一不可：

（1）该病必须是劳动者在从事职业活动过程中产生的。

（2）患病的主体必须是企业、事业单位和个体经济组织等用人单位的劳动者。

（3）必须是由于接触粉尘、放射性物质和其他有毒、有害因素

等职业病危害因素导致的。

（4）必须是国家公布的《职业病分类和目录》中所列的职业病。

根据《职业病分类和目录》（国卫疾控发〔2013〕48号）的规定，我国的法定职业病共有10大类132种。

职业病分类和目录

一、职业性尘肺病及其他呼吸系统疾病

（一）尘肺病

1. 矽肺
2. 煤工尘肺
3. 石墨尘肺
4. 炭黑尘肺
5. 石棉肺
6. 滑石尘肺
7. 水泥尘肺
8. 云母尘肺
9. 陶工尘肺
10. 铝尘肺
11. 电焊工尘肺
12. 铸工尘肺
13. 根据《尘肺病诊断标准》和《尘肺病理诊断标准》可以诊断的其他尘肺病

（二）其他呼吸系统疾病

1. 过敏性肺炎

2. 棉尘病

3. 哮喘

4. 金属及其化合物粉尘肺沉着病（锡、铁、锑、钡及其化合物等）

5. 刺激性化学物所致慢性阻塞性肺疾病

6. 硬金属肺病

二、职业性皮肤病

1. 接触性皮炎

2. 光接触性皮炎

3. 电光性皮炎

4. 黑变病

5. 痤疮

6. 溃疡

7. 化学性皮肤灼伤

8. 白斑

9. 根据《职业性皮肤病的诊断总则》可以诊断的其他职业性皮肤病

三、职业性眼病

1. 化学性眼部灼伤

2. 电光性眼炎

3. 白内障（含放射性白内障、三硝基甲苯白内障）

四、职业性耳鼻喉口腔疾病

1. 噪声聋

2. 铬鼻病

3. 牙酸蚀病

4. 爆震聋

五、职业性化学中毒

1. 铅及其化合物中毒（不包括四乙基铅）

2. 汞及其化合物中毒

3. 锰及其化合物中毒

4. 镉及其化合物中毒

5. 铍病

6. 铊及其化合物中毒

7. 钡及其化合物中毒

8. 钒及其化合物中毒

9. 磷及其化合物中毒

10. 砷及其化合物中毒

11. 铀及其化合物中毒

12. 砷化氢中毒

13. 氯气中毒

14. 二氧化硫中毒

15. 光气中毒

16. 氨中毒

17. 偏二甲基肼中毒

18. 氮氧化合物中毒
19. 一氧化碳中毒
20. 二硫化碳中毒
21. 硫化氢中毒
22. 磷化氢、磷化锌、磷化铝中毒
23. 氟及其无机化合物中毒
24. 氰及腈类化合物中毒
25. 四乙基铅中毒
26. 有机锡中毒
27. 羰基镍中毒
28. 苯中毒
29. 甲苯中毒
30. 二甲苯中毒
31. 正己烷中毒
32. 汽油中毒
33. 一甲胺中毒
34. 有机氟聚合物单体及其热裂解物中毒
35. 二氯乙烷中毒
36. 四氯化碳中毒
37. 氯乙烯中毒
38. 三氯乙烯中毒
39. 氯丙烯中毒
40. 氯丁二烯中毒

41. 苯的氨基及硝基化合物（不包括三硝基甲苯）中毒

42. 三硝基甲苯中毒

43. 甲醇中毒

44. 酚中毒

45. 五氯酚（钠）中毒

46. 甲醛中毒

47. 硫酸二甲酯中毒

48. 丙烯酰胺中毒

49. 二甲基甲酰胺中毒

50. 有机磷中毒

51. 氨基甲酸酯类中毒

52. 杀虫脒中毒

53. 溴甲烷中毒

54. 拟除虫菊酯类中毒

55. 铟及其化合物中毒

56. 溴丙烷中毒

57. 碘甲烷中毒

58. 氯乙酸中毒

59. 环氧乙烷中毒

60. 上述条目未提及的与职业有害因素接触之间存在直接因果联系的其他化学中毒

六、物理因素所致职业病

1. 中暑

2. 减压病

3. 高原病

4. 航空病

5. 手臂振动病

6. 激光所致眼（角膜、晶状体、视网膜）损伤

7. 冻伤

七、职业性放射性疾病

1. 外照射急性放射病

2. 外照射亚急性放射病

3. 外照射慢性放射病

4. 内照射放射病

5. 放射性皮肤疾病

6. 放射性肿瘤（含矿工高氡暴露所致肺癌）

7. 放射性骨损伤

8. 放射性甲状腺疾病

9. 放射性性腺疾病

10. 放射复合伤

11. 根据《职业性放射性疾病诊断标准（总则）》可以诊断的其他放射性损伤

八、职业性传染病

1. 炭疽

2. 森林脑炎

3. 布鲁氏菌病

4. 艾滋病（限于医疗卫生人员及人民警察）

5. 莱姆病

九、职业性肿瘤

1. 石棉所致肺癌、间皮瘤

2. 联苯胺所致膀胱癌

3. 苯所致白血病

4. 氯甲醚、双氯甲醚所致肺癌

5. 砷及其化合物所致肺癌、皮肤癌

6. 氯乙烯所致肝血管肉瘤

7. 焦炉逸散物所致肺癌

8. 六价铬化合物所致肺癌

9. 毛沸石所致肺癌、胸膜间皮瘤

10. 煤焦油、煤焦油沥青、石油沥青所致皮肤癌

11. β-萘胺所致膀胱癌

十、其他职业病

1. 金属烟热

2. 滑囊炎（限于井下工人）

3. 股静脉血栓综合征、股动脉闭塞症或淋巴管闭塞症（限于刮研作业人员）

2. 职业病危害因素

《职业病防治法》对职业病的定义中，特别提到了劳动者在职业活动中“因接触粉尘、放射性物质和其他有毒、有害因素而引起的疾病”。这些粉尘、放射性物质和其他有毒、有害因素统称为职业病危害因素。

（1）职业病危害因素的定义

职业病危害因素又称职业性危害因素，是指在职业活动中产生和（或）存在的，可能对职业人群健康、安全和工作能力造成不良影响的因素或条件。

（2）职业病危害因素的分类

职业病危害因素按来源可分为 3 类：

1）生产过程中产生的职业病危害因素

①化学因素：包括生产性毒物和生产性粉尘。生产性毒物，如铅、锰、苯、氯、汞等；生产性粉尘，如矽尘、石棉尘、煤尘、有机粉尘等。

②物理因素：主要包括异常气象条件（如高温、高湿、低温等）、异常气压（如高气压、低气压等）、噪声及振动、非电离辐射（如可见光、紫外线、红外线、激光、射频辐射等）、电离辐射（如 X 射线等）。

③生物因素：如动物皮毛上的炭疽杆菌、布鲁氏杆菌、森林脑炎病毒等传染性病原体。

上述 3 项是导致劳动者罹患职业病的主要病因，是职业病防治工作的重点。

2）生产环境中的职业病危害因素

①自然环境因素。例如：炎热季节高温辐射、寒冷季节因门窗紧闭而通风不良等。

②厂房建筑或布局不合理。例如：有毒工序与无毒工序安排在一个车间；厂房矮小、狭窄；设计时没考虑必要的卫生工程技术设施，如通风、换气或照明设施等。

③因不合理的生产过程而导致的环境污染。在实际生产过程中，往往同时存在多种职业病危害因素对劳动者的健康产生联合作用。

④工作环境产生的危害。人类所处的外界环境因素十分复杂，自然环境中各种物理、化学因素除了可以引起有关疾病外，还可以产生工效学的影响。通过对微小气候、噪声、振动、照明、色彩等的研究，提出最适宜人工作的环境，可以提高工作效率，降低废品率，保护人的身心健康。

3）劳动过程中的职业病危害因素

①劳动组织和制度不合理、劳动作息制度不合理等。如劳动时间过长的现象特别多见于检修期间，有时一天工作 10～12 小时，连续十天、半个月，甚至更长时间，这时如果组织不当，就不利于劳动者的健康。

②精神（心理）性职业紧张。这种情况多见于新劳动者，或者新装置试运行、生产不正常时。在试运行期间不仅新的劳动者紧张，一些有经验的劳动者也十分紧张。

③劳动强度过大或生产定额不当。

④个别器官或系统过度紧张，如光线不足使视力紧张等。

⑤长时间处于不良体位或姿势，或使用不合理的工具劳动，如

检修过程中的仰焊等。

3. 职业病危害因素特点及其对人体健康的影响

生产过程中产生的职业病危害因素主要是化学因素、物理因素和生物因素 3 类，是常见的职业病危害因素，也是职业病防治工作的重点。

（1）化学因素

化学因素包括生产性毒物和生产性粉尘。

1） 生产性毒物

①什么是生产性毒物？在生产过程中使用或产生的有毒物质，统称为生产性毒物。生产性毒物在一定条件下可通过呼吸道、消化道和皮肤进入人体，可引起中毒，或引起免疫功能或其他生理功能改变，进而使人易患病或促使原有疾病的病情加重、病程延长。有的毒物具有局部刺激、致敏及腐蚀作用，有的还有致肿瘤、致畸胎及诱发遗传变异等作用。

②生产性毒物在生产过程中的存在形式有哪些？生产性毒物在生产过程中能以多种形式出现，同一化学物质在不同行业或不同生产环节显现出不同的形式。例如，原材料、中间产品（中间体）、辅助材料、成品、副产品或废弃物、夹杂物，以及以分解产物或反应产物的形式出现的其他毒物。

③毒物在生产环境中存在的形态有哪些？生产性毒物可以固体、液体、气体或气溶胶的形态存在，其对人体的危害以局部空气污染为主。

a. 固体，如氰化钠、对硝基氯苯等。

b. 液体，如苯、汽油等有机溶剂。

以上述两种形态存在的生产性毒物，如果不挥发，又不经皮进入人体，则较安全。

c. 气体，指常温、常压下呈气态的物质，如由化工厂管道、容器或反应器逸出的氯化氢、氰化氢、二氧化硫、氯气等。

d. 蒸气，如喷漆工作中的苯、汽油、醋酸酯类等有机溶剂蒸气。固体升华、液体蒸发或挥发时形成蒸气。凡沸点低、蒸气压大的物质都易形成蒸气；对液态物质进行加热、搅拌、喷雾、通气及超声处理时，可加速其挥发；暴露面积大也能促进其挥发。

e. 粉尘，为能较长时间悬浮在空气中的固体微粒，其粒径多在 0.1～10 μm。

f. 烟尘，为悬浮在空气中、粒径小于 0.1 μm 的固体微粒。某些金属熔融时所产生的蒸气在空气中迅速冷凝或氧化形成烟，如熔炼铅时产生的铅烟、铸铜时熔炼铜合金产生的氧化锌烟。有机物质加热或燃烧时也可产生烟，如农药熏蒸剂燃烧时产生的烟。

g. 雾，为悬浮于空气中的液体微滴，多由于蒸气冷凝或液体喷洒而形成，如喷洒农药时的药雾、喷漆时的漆雾、电镀铬时的铬酸雾、金属酸洗时的硫酸雾等。

粉尘、烟尘及雾统称为气溶胶，在工作场所较为常见。就同一种生产性毒物而言，其存在的形态常不是单一、固定不变的。

④生产性毒物接触机会有哪些？生产性毒物主要经过呼吸道、皮肤和消化道进入人体。在生产劳动过程中，可能接触到毒物的操作或生产环节很多，如原料开采与提炼、材料搬运与储藏、材料加工及准备、加料、化学反应等过程。

⑤生产性毒物对人体有哪些影响？因接触生产性毒物而引起的

中毒，称为职业中毒。生产性毒物可作用于人体下列多个系统：

a. 神经系统。铅、锰中毒可损伤运动神经、感觉神经，引起周围神经炎；震颤常见于锰中毒或急性一氧化碳中毒后遗症；重症中毒时可发生脑水肿。

b. 呼吸系统。一次性大量吸入高浓度的有毒气体可引起窒息；长期吸入刺激性气体能引起慢性呼吸道炎症，可出现鼻炎、咽炎、支气管炎等上呼吸道炎症；长期吸入大量刺激性气体可引起严重的呼吸道病变，如化学性肺水肿和肺炎。

c. 血液系统。铅可引起低血色素贫血；苯、三硝基甲苯等毒物可抑制骨髓的造血功能，表现为白细胞和血小板减少，严重者发展为再生障碍性贫血；一氧化碳可与血液中的血红蛋白结合，形成碳氧血红蛋白，使组织缺氧。

d. 消化系统。汞盐、砷等毒物经口进入人体后，可出现腹痛、恶心、呕吐和出血性肠胃炎；铅及铊中毒时，可出现剧烈的、持续性的腹绞痛，并有口腔溃疡、牙龈肿胀、牙齿松动等症状；长期吸入酸雾，可使牙釉质受损、脱落；四氯化碳、溴苯、三硝基甲苯等可引起急性或慢性肝病。

e. 泌尿系统。汞、铀、砷化氢、乙二醇等可引起中毒性肾病，如急性肾功能衰竭、肾病综合征和肾小管综合征等。

f. 其他。生产性毒物还可引起皮肤、眼睛、骨骼病变，许多化学物质可引起接触性皮炎、毛囊炎。接触铬、铍的劳动者皮肤易发生溃疡，如长期接触焦油、沥青、砷等可引起皮肤黑变病，甚至诱发皮肤癌；酸、碱等腐蚀性化学物质可引起刺激性眼结膜炎或角膜炎，严重者可引起化学性灼伤；溴甲烷、有机汞、甲醇等中毒，可造成视神经萎缩，以致失明；有些工业毒物还可诱发白内障。

⑥职业中毒防护的技术措施有哪些？职业中毒的病因是职业环境中的生产性毒物，因此预防职业中毒必须采取综合治理措施，具体措施如下：

a. 根除毒物。可用无毒或低毒原料代替有毒或高毒原料，如用无汞仪表代替有汞仪表、油漆的溶剂或稀释剂由苯改为二甲苯等，但替代物不能影响产品质量。

b. 降低毒物浓度，减少人体接触毒物水平，以保障接触者的健康。这是预防职业中毒的关键，其中心环节是加强技术革新和通风排毒措施，将环境空气中毒物浓度控制在容许浓度以下。

c. 技术改造。有毒物质原则上应密闭生产，应用先进技术和工艺，尽量采取遥控和程序控制，最大限度地减少操作者接触毒物的机会。

d. 通风排毒。在有毒物质生产过程中，应采用局部通风排毒系统将毒物排出。最常用的局部通风排毒装置有排毒柜、排毒罩、槽边吸风等。应根据生产工艺，毒物的理化性质、发生源及生产设备的不同特点，选择合适的排毒装置，使工作场所有毒物质的浓度达到《工作场所有害因素职业接触限值　第 1 部分：化学有害因素》(GBZ 2.1) 的要求。

e. 工艺、建筑布局和生产工序的布局应符合职业卫生要求，应根据毒物的毒性、浓度和接触人数等对工作区实行区分隔离，以免产生叠加影响。有毒有害物质发生源应布置在下风侧；如布置在同一建筑物内，则放散有毒气体的生产工艺过程应布置在建筑物的上层；可产生有毒粉尘的厂房，应防止尘毒二次飞扬。

f. 个体防护。个体防护是预防职业中毒的重要辅助措施。个体防护用品包括呼吸防护器、防护帽、防护眼镜、防护面罩、防护服和皮肤防护用品等。选择个人防护用品时，应注意其防护特性和效能；使用前，应对使用者进行培训；平时应注意对个人防护用品的维护，才能更好地发挥其作用。

g. 职业卫生服务。应对工作场所空气中毒物浓度进行定期或不定期的监测和评价；对接触有毒物质的人群实施健康监护，认真做好上岗前和定期职业健康检查，排除职业禁忌，发现早期的健康损害，并及时采取有效的预防和控制措施。

2）生产性粉尘

①什么是生产性粉尘？能够较长时间浮游于空气中的固体微粒叫作粉尘。在生产过程中形成的粉尘叫作生产性粉尘，是污染工作环境、损害劳动者健康的重要职业病危害因素，可引起包括尘肺病在内的多种职业性肺部疾病。

②生产性粉尘的种类有哪些？按其性质来讲，生产性粉尘可以分为无机性粉尘、有机性粉尘和混合性粉尘。无机性粉尘包括矿物性粉尘、金属性粉尘、人工无机性粉尘；有机性粉尘包括植物性粉尘、动物性粉尘和人工有机性粉尘；混合性粉尘是指上述各种粉尘的混合物。

③生产性粉尘的存在形式有哪些？

a. 固体物质的机械加工、粉碎工艺形成的尘粒，小者为超显微镜可见的微细粒子，大者肉眼即可见到。

b. 物质加热时产生的蒸气在空气中凝结或被氧化而形成的微粒，直径大多小于 1 μm。

c. 有机物质由于不完全燃烧而形成的微粒，直径多小于 0.5 μm。

④不同生产场所的生产性粉尘有哪些？在各种不同的生产场

所，可以接触到不同性质的粉尘。

a. 在采矿、开山采石、建筑施工、铸造、耐火材料及陶瓷等行业，生产性粉尘是石英的混合粉尘（含游离二氧化硅粉尘）。

b. 石棉开采、加工制造石棉制品行业，生产性粉尘是石棉或含石棉的混合粉尘。

c. 焊接、金属加工、冶炼行业的生产性粉尘为金属及其化合物粉尘。

d. 农业、粮食加工、制糖工业、动物管理及纺织工业等行业的生产性粉尘为植物或动物性有机粉尘。

⑤生产性粉尘对人体有哪些危害？生产性粉尘进入人体后，根据其性质、沉积部位的不同，可引起不同的病变。

a. 尘肺病。长期吸入粉尘可引起尘肺病，对人体产生的危害极大。如因长期吸入含大量游离二氧化硅粉尘而引起的矽肺，是尘肺病中进展最快、最严重、也最常见的一种职业病。

b. 粉尘沉着症。吸入某些金属粉尘，如铁、钡、锡等，达到一定数量时，可在X线胸片上显现边缘清晰的点状阴影，脱离接触后，病变可逐渐消退，对人体危害较小。

c. 有机粉尘引起变态反应性病变。某些有机粉尘（如接触发霉的稻草、羽毛等）可引起间质肺炎，外源性过敏性肺泡炎，过敏性鼻炎、皮炎、湿疹或支气管炎，哮喘等。

d. 呼吸系统肿瘤。有些粉尘已确定为致癌物，如放射性粉尘、石棉、镍、铬、砷等。

e. 局部作用，包括呼吸道黏膜萎缩性改变、皮肤干燥、粉刺、毛囊炎、脓皮病、角膜损伤等。

f. 中毒作用。吸入铅、砷、锰等有毒粉尘，能在支气管和肺泡壁上溶解并吸收，引起中毒。

⑥生产性粉尘的预防控制措施有哪些？生产性粉尘的预防控制措施有“八字”方针，即“革、水、密、风、护、管、教、查”。这里的革，即工艺改革和技术革新；水，即湿式作业；密，即密闭尘源；风，即通风除尘；护，即个人防护；管，即加强对防尘设备的维护管理及相应管理制度的落实；教，即宣传教育；查，即定期检查评比、总结，定期进行职业健康检查。

（2）物理因素

存在于自然环境中或人工制造的能量与信息，以一组物理要素的形式传播所形成的自然环境物理因素和人为环境物理因素，统称为物理因素。生产性物理因素，是指在生产过程中产生和工作环境中存在的、对劳动者健康有影响的物理因素。

1）物理因素的特点

职业病危害因素中的物理因素，主要为异常气象条件（如高温、高湿、低温等）、异常气压（如高气压、低气压等）、噪声及振动、非电离辐射（如可见光、紫外线、红外线、激光、射频辐射等）、电离辐射（如X射线）等。物理因素具有以下特点：

①工作场所常见的物理因素，除了激光为人工产生以外，其他物理因素在自然界均存在，如可见光、温度等。

②每一种物理因素都有特定的物理参数，如表示气温的参数是温度、表示振动的参数是频率和加速度等。

③工作场所存在的物理因素，一般有明确的来源。当装置处于工作状态时，其产生的物理因素可能造成健康损害，一旦装置停止工作，则相应的物理因素消失，不会造成健康损害。例如，工作场所噪声通常是由机械加工过程产生的，如果停止工作，噪声也随之

停止，因此，有效地控制噪声源就可以降低噪声对劳动者的影响程度。

④工作场所空间中，物理因素的强度一般是不均匀的，多以发生装置为中心向四周传播。噪声源附近的噪声强度最大，但如果周边没有遮挡，对整个工作场所的影响也会很大。因此，对于工作场所的辅助工（非直接操作者）来讲，有时受到的健康影响可能要大于实际操作者。

⑤物理因素性质不同，对人体的危害程度也不同，如脉冲噪声（脉冲波）对健康的影响要大于稳态噪声和非稳态噪声（连续波）。

⑥物理因素对人体危害的程度与物理参数不呈直线相关关系，而是在某一强度范围内对人体无害，高于或低于这一范围才对人体产生不良影响。例如，正常气温和气压对人体生理功能是必需的，而高温可引起中暑，低温可引起冻伤；高气压可引起减压病，低气压可引起高山病等。

⑦实际工作中，控制物理因素对健康的影响，主要是考虑机体的适应范围。正常情况下，有些因素不但对人体无害，而且还是人体生理活动或从事生产劳动必需的，如气温、可见光等。因此，对于物理因素，除了研究其不良影响或危害外，还应研究其适宜的范围，如最适宜的温度范围，以便创造良好的工作环境。

⑧除进入体内的放射性物质外，绝大多数物理因素在脱离接触后在人体内无残留，所以治疗不需要采用“驱除”或“排出”的方法，而主要是针对损害的组织器官和病变特点采取相应的治疗措施。另外，机体在接触物理因素后，大都会产生适应现象，如高温、低温、噪声等。

2）物理因素在生产过程中的存在形式

在工作环境中，与劳动者健康密切相关的物理性因素包括噪声、振动、电磁辐射（如X射线、γ射线）、紫外线、可见光、红外线、激光、微波、射频辐射、异常气象条件（如气温、气湿、气流、气压等）。

3）常见物理因素对劳动者健康的影响

①噪声对劳动者健康的影响。噪声是指使人感到厌烦或不需要的声音。劳动者在工作场所中存在有损听力、有害健康或有其他危害的声音且8 h/d或40 h/周噪声暴露A等效声级≥80 dB（分贝）的作业，称为噪声作业。

a. 噪声的分类

a）机械性噪声：因机械撞击、摩擦、转动而产生的噪声，如冲压、打磨等发出的声音。

b）流体动力性噪声：气体压力或体积的突然变化或流体流动产生的声音，如空气的压缩或释放发出的声音。

c）电磁性噪声：因电机中交变力相互作用而产生的噪声，如变压器发出的声音。

b. 噪声的危害。噪声对人体的危害是全身性的，既可以引起听觉系统的变化，也可以对非听觉系统产生影响。这些影响早期主要是生理性改变，长期接触比较强烈的噪声可以引起病理性改变。此外，工作场所中的噪声还可以干扰语言交流，影响工作效率，甚至引起意外事故。

听阈（听力阈值）是指人耳可听到与不可听到声音的临界值，也可理解为人耳可以听到的最小声音。听阈越低说明听力越好，听阈越高说明听力不好。

暂时性听阈位移，是指人耳接触噪声后引起暂时性的听阈升

高，脱离噪声环境一段时间后，听力可恢复到原来水平的现象，也称为暂时性听力损失。

永久性听阈位移，指噪声或其他有害因素导致的听阈升高，不能恢复到原有水平，也称为永久性听力损失。出现这种情况是因为听觉器官发生了器质性的变化。永久性听阈位移又可分为听力损失、噪声性耳聋及爆震性声损伤。

c. 噪声的控制和预防措施

a）噪声的控制有两种途径，即控制噪声源和控制噪声的传播。

• 控制噪声源：根据具体情况采取不同的技术措施，控制或消除噪声源，是从根本上解决噪声危害的一种方法。

• 控制噪声的传播：吸声和消声技术可产生较好的效果。吸声是减轻噪声强度的重要措施，用吸声材料装饰在车间的内表面（如在墙壁、屋顶）或在工作场所内悬挂吸声体，吸收辐射或反射的声能，可以使噪声的强度降低；消声是降低动力性噪声的主要措施，用于风道和排气管，常用的有阻性消声器和抗性消声器，两者联合使用消声效果更好。

b）噪声的预防措施主要有以下几个方面：

• 做好个人防护。佩戴个人防护用品是保护听觉器官的一项有效措施。对日常接触噪声超过 85 dB 的劳动者，必须提供听力防护用品；总噪声级不超过 100 dB 时，可使用耳塞或防声棉耳塞；总噪声级为 100～125 dB 时，需佩戴耳罩，或耳塞和耳罩一起佩戴。

• 职业健康监护。按照《职业病防治法》《职业健康监护技术规范》（GBZ 188）的规定及要求，当工作场所噪声 8 小时等效声级≥85 dB 时，应每年对接触噪声的劳动者进行一次健康检查，特别是对听觉器官，需进行电测听的检查，发现问题应及时调配岗位并定期复查。

• 合理安排作息时间。应避免加班或连续工作时间过长，应尽可能地缩短接触时间。

②高温对劳动者健康的影响。高温作业，是指在生产劳动过程中，工作地点平均湿球黑球温度指数（WBGT 指数）大于等于25℃的作业。

a. 高温作业的类型

a）高温、强热辐射作业：特点为气温高、热辐射强度大、相对湿度低；主要发生在冶金业、机械制造业、使用炉窑和锅炉的工作场所。

b）高温、高湿作业：特点为高气温、气湿，而热辐射强度不大，主要是由于生产过程中产生大量水蒸气或生产上要求车间内保持较高的相对湿度所致；主要发生在印染、造纸等工业中液体加热或蒸煮时，以及潮湿的深井内。

c）夏季露天作业：特点为热辐射强度比高温车间低，但作用时间长，中午前后有明显的高温热辐射作用；主要发生在室外工地、露天门岗及长期在室外工作的岗位。

b. 高温作业对人体的危害。高温作业时，人体可出现一系列生理功能改变，主要为体温调节、水盐代谢、循环系统、消化系统、神经系统、泌尿系统等方面的适应性变化。但是如果温度过高，机体在高温环境下由于热平衡和（或）水盐代谢紊乱等而引起以中枢神经系统和（或）心血管系统障碍为主要表现的急性热致疾病，也就是我们常说的中暑。

中暑按照发病机理可分为 3 种类型：热射病、热痉挛、热衰竭。这种分类是相对的，临床上往往难以区分，常以单一类型出

现，也可多种类型并存，我国《职业病分类和目录》中统称为中暑。这3种类型的中暑中，热射病最为严重，尽管迅速救治，但仍有20%～40%的病人死亡。

c. 高温工作的防护措施

a）技术措施，包括合理设计工艺流程、改进生产设备和操作方法等改善高温作业劳动条件的根本措施，使热源的布置符合工作场所卫生要求等；还可采取隔热、通风降温、安装空调等措施。

b）保健措施，包括给高温作业劳动者补充含盐量为0.15%～0.2%的清凉饮料，适当增加高热量饮食、蛋白质、维生素和钙等，配备适宜的个人防护用品；还包括加强医疗预防工作，对高温作业劳动者在每年高温季节到来之前进行职业健康检查，禁止有职业禁忌的劳动者从事高温作业。

c）组织措施，包括严格遵守国家有关高温作业卫生标准，对本单位的高温作业进行分级和评价；还包括宣传防暑降温和预防中暑的知识，合理安排工作时间等。

③振动对劳动者健康的影响

a. 振动作业的定义。振动是指一个质点或物体在外力作用下沿直线或弧线围绕平衡位置来回重复的运动。生产设备和工具产生的振动称为生产性振动。

b. 振动作业的分类

a）局部振动（手传振动或手臂振动）：指手部接触振动工具、机械或加工部件，振动通过手臂传导至全身，常见于风动工具（风铲、风钻、气锤、凿岩机、捣固机、铆钉机等）、电动工具（电钻、电锯、电刨等）和高速旋转工具（砂轮机、抛光机等）。

b）全身振动：指工作地点或座椅的振动，人体足部或臀部的接触振动通过下肢躯干传导至全身，常见于交通工具（汽车、火车、船舶、飞机、拖拉机、收割机等）和工作台（钻井平台、振动筛操作台等）上的工作。

c. 振动对劳动者健康的影响

a）局部振动：长期使用振动工具后，可发生手与臂的触觉、痛觉及温热感觉迟钝，手部皮肤温度下降、手指发白、手臂无力、肌肉疼痛和萎缩的现象，其典型表现为振动性白指，也称为手臂振动病，是我国法定职业病之一。

b）全身振动：全身振动多为大幅度的低频振动，如行驶中的船舶、飞机及电梯升降时，可引起头晕、恶心、呕吐、呼吸急促、出冷汗、下肢酸痛等症状。

d. 振动危害的控制措施

a）进行工艺改革，消除或减轻振动源的振动，如根据振动工具的种类对劳动者接触振动的时间予以限制。

b）改善作业环境，如寒冷季节要加强车间环境的防寒保暖，户外作业也要配备一定的防寒保暖设备。控制作业环境中同时存在的噪声、毒物、高湿，对防止振动的危害也有一定作用。

c）加强个人防护。合理使用个人防护用品也是防止和减轻振动危害的一项重要措施，如戴减振保暖的手套。

d）按要求进行上岗前和定期职业健康检查，妥善处理有职业禁忌证的劳动者，尽早发现劳动者的健康损害，及时进行治疗和处理。

e）严格执行振动职业卫生标准。

④非电离辐射对劳动者健康的影响

a. 非电离辐射的定义。一般人们接触到的辐射可分为两大类，

即电离辐射和电磁辐射。电离辐射就是通常所说的放射性，如X射线和γ射线等。非电离辐射是指能量比较低（<12 eV）且不能使物质原子或分子产生电离的辐射，如可见光、红外线、射频辐射（无线电波）、低频电磁波等。紫外线是一种介于电磁辐射和电离辐射之间的电磁波。

b. 射频辐射在实际工作中的应用。射频辐射是非电离辐射的一部分，是指频率在100 kHz～300 GHz的电磁辐射，又称无线电波，包括高频电磁场和微波。在实际工作中有以下几种应用：

a）高频感应加热：生产过程中产生的射频辐射多为中波（波长为1～3 km、频率为300 kHz～3 MHz），多用于表面淬火、金属熔炼、热轧工艺、钢管焊接等。

b）高频介质加热：生产过程中常用的是频率为1～100 MHz的超短波设备（波长10～100 m）。高频介质加热的对象多为不良的导体，多用于塑料热合、木材干燥、粮食处理，纸张、布匹、皮革、棉纱烘干等。

c）微波能的应用．使用频率一般为300 MHz～300 GHz。目前，微波能的应用频率多为2 450 MHz和915 MHz两种固定频率，常应用于雷达导航、探测、通信和科学研究，也可用于食品加工，干燥粮食、木材等。

c. 射频辐射对健康的影响

a）非致热效应：主要表现是神经衰弱综合征（主要表现为乏力、睡眠障碍、记忆力减退、情绪不稳定、多汗、脱发、体重减轻）、自主神经功能紊乱（主要表现为心率减慢或过速、血压下降或升高、心前区疼痛、胸闷等），女性常伴有月经周期紊乱，个别男性有性机能减退的症状。微波辐射还可以导致血液白细胞总数下降、眼晶状体点状或小片状混浊。

b）致热效应：在非常条件下或生产操作事故中，接触高强度微波辐射可致体温升高、性器官及眼晶状体受热损伤，如职业性白内障。

d. 射频辐射的预防措施

a）首先，用铜丝网隔离措施，但一定要接地；其次，距离场源越远越好。

b）对于高频电磁场，预防措施的基本原则是场源屏蔽、距离防护、合理布局，工作场所应符合职业卫生标准。

c）对于微波，预防措施的基本原则是屏蔽辐射源、加大辐射源与作业点的距离、采取个人防护措施、工作场所符合职业卫生标准。

e. 红外辐射对健康的影响。自然界中，太阳是最强的红外辐射源。生产环境红外辐射源包括熔炉、熔融状态的金属、强红外线光源、烘烤和加热设备。

红外辐射对健康的影响：一是对皮肤的损伤，表现为红斑效应、局部色素沉着和急性灼伤；二是对眼睛的损伤，表现为慢性充血性睑缘炎、红外线白内障和视网膜黄斑区损伤。

f. 紫外辐射对健康的影响。波长范围在100～400 nm的电磁波称为紫外辐射。其波长介于X射线和紫色可见光之间，光子能量较大（3.1～12 eV）。

紫外线通过介质时能引起强烈的光化学反应和光电效应，但一般容易被透明物质吸收。波长小于160 nm的紫外线可以被空气（臭氧）完全吸收。波长为200～300 nm的紫外线具有卫生学意义。紫外线对健康的影响如下：

a）对皮肤的影响：可引起红斑反应（急性光感性皮炎）、皮肤老化和皮肤癌。

b）对眼睛的影响：可引起急性角膜炎、结膜炎，因常由电焊弧光引起，故被称为“电光性眼炎”；在阳光照射的冰雪环境下作业时，可引起急性角膜、结膜损伤，称为雪盲症。

（3）生物因素

1）什么是生物因素？

生产原料和生产环境中存在的对职业人群健康有害的致病微生物、寄生虫、动物、植物、昆虫等及其所产生的生物活性物质，统称为生物因素。生物因素所致职业病，是指劳动者在生产条件下，因接触生物因素而发生的职业病。生物因素对职业人群的健康损害，除引起法定职业性传染病（如炭疽、布鲁氏菌病、森林脑炎）外，也是构成哮喘、过敏性肺炎和职业性皮肤病等法定职业病的致病因素之一。

2）职业性传染病及其特点

目前，有5种由生物因素引起的传染病被我国《职业病分类和目录》列为法定职业病，即炭疽、森林脑炎、布鲁氏菌病、艾滋病（限于医疗卫生人员及人民警察）和莱姆病。

传染病的传播和流行必须具备3个环节，即传染源（能排出病原体的人和/或动物）、传播途径（病原体传染他人的途径）及易感者（对该种传染病无免疫力者）。影响传染病流行过程的还有两个重要因素，即自然因素（包括地理因素和气候因素）和社会因素（包括人民的生活水平、社会卫生保健事业的发展和预防的普及）。由于上述5种传染病被列入法定职业病的范畴，因此劳动者诊断职业性传染病时，必须要有职业暴露史，符合职业病诊断原则。

3）常见职业性传染病及其多发行业

①炭疽。炭疽是由炭疽杆菌引起的人畜共患急性传染病。炭疽的潜伏期较短，一般为1～3天，最短仅为12小时；临床分为皮肤型、肺型、肠型3种，且可继发败血症、脑膜炎。

多发行业：食品制造业、纺织业、皮革和毛皮及其制品业、畜牧业；多发人员：动物园的饲养员、兽医等。

②森林脑炎。森林脑炎是由病毒引起的自然疫源性疾病，是林区特有的疾病，传播媒介是硬蜱；有明显的季节性，每年5月上旬开始，6月上、中旬达高峰，7月后则多散发。森林脑炎起病急剧，突发高热可迅速到40℃以上，并有头痛、恶心、呕吐、意识不清等，可迅速出现脑膜刺激症状，多为重症。神经系统症状以瘫痪、脑膜刺激征及意识障碍为主，常出现颈部肌肉、肩胛肌、上肢肌瘫。

多发行业：伐木业、护林业、林产化学产品制造业、中草药业和狩猎业等。

③布鲁氏菌病。布鲁氏菌病是由布鲁氏杆菌引起的人畜共患传染病，传染源以羊、牛、猪为主，主要由病畜传染。发热是布鲁氏菌病患者最常见的临床表现之一，常伴有多发性神经炎，多见于大神经，以坐骨神经最为多见。

多发行业：食品制造业、畜牧业等。

④艾滋病（限于医疗卫生人员及人民警察）。艾滋病（AIDS，又称获得性免疫缺陷综合征），是一种由于机体感染了人类免疫缺陷病毒（HIV）而发生的传染病，也是我国法定乙类传染病之一。所谓“获得性”，是说该病不是由遗传因素决定的，而是后天获得的；“免疫缺陷”是指人体内抵抗感染和疾病的免疫机能发生了故

障，从而使人体缺乏足够的抵抗力来保护机体健康；“综合征”是指由于免疫缺陷引起的一系列症状和体征。

职业接触艾滋病（艾滋病职业暴露），是指有关职业人员（如医生、护士、护理员、警察、羁押场所管理人员、实验室技术员等）在职业活动中，意外地被 HIV 感染者或 AIDS 患者的血液、体液污染了自己身体破损的皮肤或非胃肠道黏膜，或者被含有 HIV 的血液、体液污染了的针头及其他锐利器物刺破或损伤了皮肤，从而导致有可能感染艾滋病病毒的特殊情况。

HIV/AIDS 的诊断原则，是以实验室检测为依据，结合临床表现和参考流行病学资料综合进行的。医疗卫生人员及人民警察在工作中因不慎接触 HIV 携带者或 AIDS 患者的血液、体液等而感染 HIV，并有证据表明其在从事此项工作前艾滋病血清学检查为阴性的，可诊断为职业病。

⑤莱姆病。莱姆病是由伯氏疏螺旋体引起的一种慢性自然疫源性疾病，因在 1977 年最先发现于美国康涅狄格州的莱姆镇而得名。

莱姆病因硬蜱叮咬吸血而传播，人群普遍易感。莱姆病的高危人群包括暴露于流行地区野外和林地的人群，如户外运动爱好者、园林工人和居住于林地的人群。

4. 劳动者职业卫生保护权利

职业卫生保护，是指在职业病防治工作中，为保护劳动者健康、治理职业病危害、预防职业病发生而采取的一切有效措施和方法的总称。根据《职业病防治法》的有关规定，劳动者享有的职业卫生保护权利包括以下几个方面：

（1）受教育、培训权

劳动者享有获得职业卫生教育、培训的权利。劳动者为了掌握职业病防治方面的知识与技能，有必要接受职业卫生教育和培训。通过职业卫生教育与培训，劳动者可以增强自我健康保护意识，提高保护健康的能力。根据《职业病防治法》第三十四条的规定，用人单位有义务对劳动者进行上岗前的职业卫生培训和在岗期间的定期职业卫生培训。

（2）职业健康权

劳动者享有获得职业健康检查、职业病诊疗、职业病康复等职业病防治服务的权利。劳动者有权享受定期的职业健康检查，以能够及时发现职业病并得到及时治疗。根据《职业病防治法》第三十五条的规定，对从事接触职业病危害作业的劳动者，用人单位有义务按照国务院安全生产监督管理部门、卫生行政部门的规定，组织上岗前、在岗期间和离岗时的职业健康检查。当劳动者患职业病后，用人单位应当按照国家规定安排职业病病人进行治疗、康复。

（3）职业病危害的知情权

劳动者享有了解工作场所产生或者可能产生的职业病危害因素、危害后果和应当采取的职业病防护措施的权利。劳动者的职业病危害知情权与生命健康权关系密切，主要通过与用人单位签订劳动合同来实现。用人单位与劳动者签订劳动合同时，应当将工作过程中产生的职业病危害因素及其后果、职业病防护措施等如实告知劳动者，这样劳动者才能真正保护自身的健康。

（4）获得劳动保护的权利

劳动者享有要求用人单位提供符合防治职业病要求的职业病防

护设施和个人使用的职业病防护用品的权利，进而改善工作条件。劳动者从事接触职业病危害作业时应当得到适当的保护，这是保护劳动者身体健康的重要措施。用人单位必须采用有效的职业病防护设施，并为劳动者提供符合要求的个人使用的职业病防护用品，这是用人单位的一项义务。

（5）检举权、控告权

劳动者享有对违反职业病防治法律、法规及危及生命健康的行为提出批评、检举和控告的权利。根据《职业病防治法》第十三条的规定，任何发现用人单位违反《职业病防治法》的劳动者，有权对用人单位提出批评，并有权向有关部门进行检举和控告。检举可以署名，也可以不署名；可以用书面形式，也可以用口头形式。在行使这一权利时，劳动者检举和控告的情况应当实事求是，不能无中生有、凭空捏造。

（6）拒绝作业权

劳动者享有拒绝违章指挥和强令进行没有职业病防护措施的作业的权利。这是保护劳动者生命健康的一项非常重要的权利。这里所说的“违章指挥”，主要是指用人单位的负责人、生产管理人员和工程技术人员违反规章制度，不顾劳动者的生命健康，指挥劳动者进行生产活动的行为。“没有防护措施的作业”，是指用人单位没有按照《职业病防治法》有关规定采取职业病防护措施的作业。为了保护自己的生命健康，对于用人单位的这种行为，劳动者应当有权拒绝，并可以按照前项规定向有关人员和部门提出批评、检举或控告。

（7）参与民主管理权

劳动者享有参与用人单位职业卫生工作民主管理、对职业病防治工作提出意见和建议的权利。通过参与用人单位的民主管理，用人单位可以充分调动劳动者的积极性与主动性，可以充分发挥劳动者的聪明才智，为用人单位献计献策，对职业病防治工作提出意见与建议，共同做好用人单位的职业病防治工作。

上述职业卫生保护权利是法律赋予劳动者的权利，用人单位有保障劳动者行使权利的职责，任何人不得侵犯劳动者依法享有的权利。为了保障劳动者能够切实享有法律规定的职业卫生保护的权利，《职业病防治法》第三十九条第二款明确规定："用人单位应当保障劳动者行使前款所列权利。因劳动者依法行使正当权利而降低其工资、福利等待遇或者解除、终止与其订立的劳动合同的，其行为无效。"

第二章

发生职业病的主要原因

5. 可能导致职业病的因素

尽管职业病均是由明确的致病因素引起的，但并不是所有的职业病危害因素都能导致职业病。

首先，应当了解工作过程中存在哪些职业病危害因素，以及这些职业病危害因素是如何产生的，是否符合国家职业卫生标准，控制措施是什么。通常，可以通过公示栏或告知书了解工作场所中职业病危害因素的分布情况，以及这些职业病危害因素对健康的影响和应该采取的防护措施。

其次，可以通过学习职业病防治知识，初步判断工作中接触的职业病危害因素可能产生的职业病，如可以通过查阅《职业病危害因素分类目录》与《职业病分类和目录》对应关系表，查找与职业病危害因素相对应的职业病。

6. 易导致职业病的工作方式

（1）轮班工作

为增加生产、配合机器的使用频率，一些用人单位采取 24 小时连续生产的方式，这样就需要 24 小时轮班工作。轮班工作可影响人的正常生物钟节律，导致睡眠障碍、情绪紊乱等不良生物性影响；可影响家庭及社交生活，给人际关系带来不良的后果；可影响睡眠及饮食习惯，继而影响身体健康，导致一些疾病的发生，如胃肠道不适、神经系统障碍、心血管疾病等；更易引起疲劳，导致发生工作失误及意外，甚至可能导致职业病的发生。

（2）长时间工作

对某些劳动者来说，加班是其工作常态，工作时间远远超过每天 8 小时或每周 40 小时。对于接触职业病危害因素的劳动者，长时间工作导致其相应的接触职业病危害因素的时间增加，累积接触量增多，易导致职业病的发生。

（3）不当的职业卫生行为

因劳动者文化水平不高或健康意识不强，在生产过程中存在劳动者不能正确使用职业病防护设施、不能正确佩戴或不愿意佩戴个人使用的职业病防护用品、由于操作不便等原因不开启职业防护设施、不严格按照岗位操作规程操作或未遵守警示标识所指示的内容等情况，导致劳动者长期在职业病危害因素环境下工作，继而引起职业病的发生。

（4）不良的生活方式

由于个人生活习惯和卫生意识的差异，某些劳动者存在以下不良习惯：下班及餐前不洗手；在车间、车间休息室等非就餐区就餐；下班后不淋浴，不换工作服，直接将工作服穿回家；工作服与其他衣服不分开清洗等。上述习惯使劳动者在非生产条件下仍继续接触职业病危害因素，或经口将职业病危害因素摄入体内，影响身体健康，导致职业病的发生。

政府相关部门和用人单位应该开展有效的健康教育和健康促进活动，使劳动者掌握职业病危害因素防护知识，养成良好的职业行为和工作习惯，预防和减少职业病的发生。

7. 用人单位职业卫生管理的缺陷

（1）用人单位职业卫生管理缺陷的具体表现

1）用人单位职业卫生管理制度未落实或落实不到位

存在职业病危害的用人单位应当根据《职业病防治法》等有关法律法规、标准规范及职业卫生要求等规定，制定本单位的职业病防治管理制度等相关文件，使职业病防治工作有据可依、有章可循，建立并完善职业病防治工作档案，做到事事有记录。

用人单位应建立健全以下职业卫生管理制度和操作规程：

①职业病危害防治责任制度。

②职业病危害警示与告知制度。

③职业病危害项目申报制度。

④职业病防治宣传教育培训制度。

⑤职业病防护设施维护检修制度。

⑥职业病防护用品管理制度。

⑦职业病危害监测及评价管理制度。

⑧建设项目职业卫生“三同时”管理制度。

⑨劳动者职业健康监护及其档案管理制度。

⑩职业病危害事故处置与报告制度。

⑪职业病危害应急救援与管理制度。

⑫岗位职业卫生操作规程。

⑬法律、法规、规章规定的其他职业病防治制度。

2）职业病防护设施“三同时”未落实或落实不到位

主要表现在：用人单位未按照《建设项目职业病防护设施“三同时”监督管理办法》的要求，在可行性论证阶段进行职业病危害预评价；在施工建设前，未针对存在的职业病危害因素进行职业病防护设施设计；在竣工验收前或试运行期间，未进行职业病危害控制效果评价。这导致用人单位投入生产后，职业病危害因素无任何防护设施，或防护设施的效果未达到职业卫生要求，使劳动者生产过程中接触的职业病危害因素超标，引起劳动者健康损害。

3）用人单位职业卫生管理机构和管理人员未落实或落实不到位

用人单位应当明确设置职业卫生管理机构或组织，配备专职或兼职职业卫生管理人员，负责本单位的职业病防治工作，使职业病防治工作责任落实到人。明确指定职业卫生负责人和职业卫生管理人员，可使劳动者遇到职业病相关问题时，有专人负责解答和解决。

4）用人单位未履行告知义务

根据《职业病防治法》的规定，劳动者对工作过程中涉及的劳动环境、原材料及生产设备产生的职业病危害因素、健康影响和采取的预防措施等有知情权。

用人单位未履行告知义务，主要表现在：用人单位在与劳动者签订劳动合同时或劳动者变更工作岗位时，未按要求将工作过程中可能产生的职业病危害因素及其后果、职业病防护措施等如实告知劳动者，或未对劳动者进行上岗前的职业卫生培训和在岗期间的定期职业卫生培训。这导致劳动者不了解生产过程中接触的职业病危害因素及其影响，无职业防护意识或不能正确使用个人防护用品，使劳动者直接暴露于职业病危害因素中，引起职业病发生。

用人单位还应当在生产区、生产车间和工作岗位的醒目位置设置公告栏、图形、警示线、警示标识或告知卡，明确公布职业病防治的规章制度、操作规程、应急救援措施，操作岗位职业病危害因素种类、监测结果、理化特性、健康危害、防护措施及应急处理措施等，使劳动者时时刻刻知道工作时应如何正确做好个人防护。

5）用人单位职业病防护设施未落实或落实不到位

主要表现在：用人单位未在产生职业病危害因素的岗位设置职业病防护设施或防护设施设计不合格，不能起到防护效果，导致工作场所职业病危害因素浓度（强度）不符合国家职业卫生标准要求；或未为劳动者提供符合国家职业卫生标准的职业病防护用品，如防尘口罩、防毒口罩、降噪耳塞、防护服等。

6）用人单位职业病危害监测制度未落实或落实不到位

主要表现在：用人单位未进行职业病危害因素日常监测，或未委托有资质的职业卫生技术服务机构进行定期职业病危害因素检测。这使职业卫生管理人员不能实时掌握工作场所职业病危害因素情况，不能及时发现工作场所中存在隐患的岗位，进而导致劳动者因接触职业病危害因素而引起健康损害。

7）用人单位职业健康监护制度未落实或落实不到位

主要表现在：用人单位未按照《用人单位职业健康监护监督管理办法》《职业健康监护技术规范》（GBZ 188）、《放射工作人员职业健康管理办法》《放射工作人员职业健康监护技术规范》（GBZ 235）等有关规定组织劳动者进行上岗前、在岗期间、离岗时的职业健康检查，造成用人单位不能及早发现职业禁忌、职业病危害因素对劳动者健康的早期损害及疑似职业病病人，进而导致劳动者在存在职业病危害因素的岗位从事或继续从事相应工作，使职业健康损害继续发展，最终导致职业病发生。

8）监管部门监管不到位

职业病防治工作涉及安监、卫生、人社、工会等多个部门，需要部门间相互合作、互通有无。各部门间应建立联席制度，联合执法，使职业卫生管理工作全面有序地开展。实际工作中，对一些小微企业，可能存在监管不到位的情况，因此小微企业出现的职业卫生问题也比较多。监管部门应全面摸排辖区内存在职业病危害因素的用人单位，建立健全辖区职业病危害用人单位台账，且执法要严格，做到有法必依、违法必究，做好监督执法工作。

（2）用人单位职业卫生管理的内容

用人单位职业卫生管理内容包括以下几个方面：

1）设置职业卫生管理机构。用人单位应当设置或者指定职业卫生管理机构或者组织，配备专职或者兼职的职业卫生管理人员，负责本单位的职业病防治工作。

2）根据本单位职业病危害因素的情况和职业病防治工作需要，制订切合实际的职业病防治计划和具体实施方案。

3）健全职业卫生管理制度。根据《工作场所职业卫生监督管理规定》的有关规定，存在职业病危害的用人单位应当建立、健全下列13项职业卫生管理制度和操作规程：职业病危害防治责任制度、职业病危害警示与告知制度、职业病危害项目申报制度、职业病防治宣传教育培训制度、职业病防护设施维护检修制度、职业病防护用品管理制度、职业病危害监测及评价管理制度、建设项目职业卫生“三同时”管理制度、劳动者职业健康监护及其档案管理制度、职业病危害事故处置与报告制度、职业病危害应急救援与管理制度、岗位职业卫生操作规程，以及法律、法规、规章规定的其他职业病防治制度。

4）用人单位如果存在可能产生职业病危害因素的建设项目，应当按照有关规定进行建设项目职业卫生审查。

5）签订劳动合同时，应当履行职业病危害告知义务。

6）开展劳动者职业健康监护。

7）建立职业卫生档案。

8）参加工伤保险。

9）落实职业病防治专项经费。

10）保护特殊人群（未成年工和女职工）。

11）开展用人单位负责人和劳动者职业卫生培训。

职业病危害给国家造成巨大的经济损失，也给用人单位带来了沉重的负担，同时还影响劳动力资源的可持续发展。因此，做好用人单位职业卫生管理工作、保障劳动者的身体健康尤为重要。

第三章

我国职业病防治政策法规

8. 我国职业病防治工作的基本方针政策

《职业病防治法》明确规定了我国职业病防治工作坚持“预防为主、防治结合”的方针；建立用人单位负责、行政机关监管、行业自律、劳动者参与和社会监督的机制；实行分类管理、综合治理的基本管理原则。

劳动者依法享有职业卫生保护的权利。

用人单位应当为劳动者创造符合国家职业卫生标准和卫生要求的工作环境和条件，并采取措施保障劳动者获得职业卫生保护。用人单位应当建立、健全职业病防治责任制，加强对职业病防治的管理，提高职业病防治水平，对本单位产生的职业病危害承担责任。用人单位必须依法参加工伤保险。

9. 我国职业病防治法律法规体系

我国职业病防治法律法规体系由法律、法规、部门规章、规范性文件及标准等文件构成。

（1）法律

法律是全体国民意志的体现，是国家的统治工具，由享有立法权的立法机关（全国人民代表大会和全国人民代表大会常务委员会行使国家立法权）依照法定程序制定、修改并颁布，并由国家强制力保证实施的规范总称，以主席令的形式公告。

《职业病防治法》是我国在职业病防治方面最高层级的法律，也是其他相关条例、部门规章和规范性文件的上位法。制定《职业病防治法》的目的，是为了预防、控制和消除职业病危害，防治职业病，保护劳动者健康及其相关权益，促进经济发展。《职业病防治法》经 2001 年 10 月 27 日第九届全国人大常委会第 24 次会议通过，于 2002 年 5 月 1 日施行，至今已经修改过 3 次，最近一次是 2017 年 11 月 4 日修订，2017 年 11 月 5 日起施行。《职业病防治法》共 7 章 88 条，规定了政府监管部门的职责、用人单位的义务、劳动者的权利及义务、职业卫生服务机构的职责、管理者和管理相对人应承担的法律责任等内容。

（2）法规

法规是指国家机关制定的规范性文件，如我国国务院制定和颁布的行政法规，省、自治区、直辖市人大及其常委会制定和公布的地方性法规，以国务院令的形式公告或以省、自治区、直辖市人大及常委会公告的形式公布。省、自治区人民政府所在地的市，经国务院批准的较大的市的人大及其常委会，也可以制定地方性法规，报省、自治区的人大及其常委会批准后施行。法规也具有法律效力。

我国现行有效的与职业病相关的法规包括《中华人民共和国尘肺病防治条例》（以下简称《尘肺病防治条例》）、《使用有毒物品作业场所劳动保护条例》《突发公共卫生事件应急条例》《放射性同位素与射线装置安全和防护条例》《工伤保险条例》等。从法律效力来讲，条例要低于法律，高于各级地方国家权力机关和行政机关制定的部门规章和规范性文件。

（3）部门规章

部门规章是指国家最高行政机关所属的各部门、委员会在自己的职权范围内发布的调整部门管理事项，并不得与《宪法》、法律和行政法规相抵触的规范性文件，通常以部令、总局令等形式公布。

职业病防治工作主要体现“防、治、保”3方面职责，因此，各主管部门都发布了相应的部门规章，用以履行本部门的职责。

1）“防”是指职业病的预防工作，由安全生产监督管理部门负责。国家安全生产监督管理总局（以下简称国家安全监管总局）陆续出台了《工作场所职业卫生监督管理规定》《用人单位职业健康监护监督管理办法》《职业卫生技术服务机构监督管理暂行办法》《建设项目职业病防护设施“三同时”监督管理办法》等部门规章。

2）“治”是指职业病诊断和治疗，由卫生部门负责。原国家卫生部和国家卫生和计划生育委员会（以下简称国家卫生计生委）陆续出台了《职业健康检查管理办法》《放射工作人员职业健康管理办法》《职业病诊断与鉴定管理办法》等部门规章。

3）“保”是指职业病病人的社会保障工作，由人力资源社会保障部门负责。人力资源和社会保障部出台的主要部门规章有《工伤认定办法》《部分行业企业工伤保险费缴纳办法》《因工死亡职工供养亲属范围规定》《工伤职工劳动能力鉴定管理办法》等。

2018年3月，中共中央印发了《深化党和国家机构改革方案》，其中，决定组建应急管理部、国家卫生健康委员会，不再保留国家安全生产监督管理总局、国家卫生和计划生育委员会，将原国家安全生产监督管理总局职业安全健康监督管理职责并入国家卫生健康委员会，其余职责并入应急管理部。我国安全生产和职业健康监督管理体系将随着本次机构改革的推进与落实，做出相应调整。

（4）规范性文件

规范性文件是指各级机关、团体、组织制发的为约束和规范人们行为或某一项具体工作而制定的文件，以统一登记、统一编号、统一公布的形式出现，其法律效力很低。这类文件比较多，一般可以通过各级机关、团体、组织网站查到。

（5）标准

标准是指为了在一定范围内获得最佳秩序，经协商一致制定并由公认机构批准，共同使用的和重复使用的一种规范性文件。我国的标准分为国家标准、行业标准、地方标准、企业标准 4 级。按照实施强度、程度的不同，分为强制性标准和推荐性标准。强制性标准具有法律属性，是在一定范围内通过法律、法规等强制性手段加以实施的标准；推荐性标准不具有法律约束力，但推荐性标准被强制性标准引用或纳入指令性文件后，便具有了约束力。企业如果明示执行的推荐性标准，在企业内部具有强制性和约束力，并应承担相应的法律责任。

1）国家标准，是指由国务院标准化行政部门组织制定的在全国范围内统一的技术要求。国家标准代号由大写汉语拼音构成，强制性国家标准代号为“GB”，推荐性国家标准代号为“GB/T”，如《个体防护装备选用规范》（GB/T 11651—2008）。

国家职业卫生标准，是通过《职业病防治法》立法形式将由国家标准化委员会发布的 GB 标准转化为由国家卫生行政部门发布的

GBZ 系列标准，是职业卫生领域国家级专项标准。

《职业病防治法》第十二条第一款规定："有关防治职业病的国家职业卫生标准，由国务院卫生行政部门组织制定并公布。"《国家职业卫生标准管理办法》第十五条第二款规定："国家职业卫生标准的代号由大写汉语拼音字母构成。强制性标准的代号为'GBZ'，推荐性标准的代号为'GBZ/T'。"强制性标准必须要执行。

2）行业标准，是指由国务院有关行政主管部门编制的在全国某个行业范围内统一的技术要求。行业标准的编号由两位大写汉语拼音字母构成，如《作业场所空气中硝基胍的测定方法》（WS/T 162—1999）、《职业接触铅及其化合物的生物限值》（WS/T 112—1999）是卫生行业标准，由国家卫生计生委发布；《家具制造业防尘防毒技术规范》（AQ 4211—2010）、《用人单位职业病危害现状评价技术导则》（AQ/T 4270—2015）是安全行业标准，由国家安全监管总局发布。行业标准在相应的国家标准发布实施后即行废止。

3）地方标准，是指由省、自治区、直辖市标准化行政主管部门编制的在该省、自治区、直辖市统一的技术要求。地方标准代号由大写汉语拼音字母"DB"构成，如由黑龙江省质量技术监督局发布的《水泥制造企业职业卫生管理规范》（DB23/T 1804—2016），仅限定在黑龙江省内施行。地方标准在相应的国家标准或行业标准发布实施后即行废止。

4）企业标准，是针对企业范围内需要协调、统一的技术要求、管理要求和工作要求制定的标准。在没有国家、行业、地方标准的情况下，企业应当制定相应的企业标准，作为组织生产、经营活动的依据。企业标准由大写拼音字母"Q"加斜线再加企业代号组

成，如江苏联发纺织股份有限公司发布的《职业安全卫生标准》（Q/LF—G1201—1201），是适用于该公司的职业安全卫生指导性文件。企业标准虽然是我国标准体系中层次最低的标准，但这不是从标准的技术水平高低来划分的。对于已有国家标准或者行业标准的，国家鼓励企业制定严于国家标准或者行业标准的企业标准，在企业内部适用。

10.《职业病防治法》和职业病目录

（1）《职业病防治法》的历史延革

《职业病防治法》的立法基本原则是以《宪法》为依据，与现有法律法规相衔接，紧密围绕着保护劳动者健康及其相关权益的主题制定的职业病防治的专业性法律。我国职业病防治法律法规体系建设大致分为 4 个阶段。

第一阶段：从中华人民共和国成立初期到 1976 年。这段时间主要以发布国务院规范性文件为主，包括《工厂安全卫生规程》《关于防止厂、矿企业中矽尘危害的决定》等。

第二阶段：从改革开放到 2000 年。这期间国家加强了职业卫生法规建设，1987 年国务院颁布了《尘肺病防治条例》，并于 1992 年 4 月开始着手起草了《职业病防治法》，1999 年 7 月上报《职业病防治法》草案和审议稿。

第三阶段：从 2000 年到 2011 年。2001 年 10 月 27 日，第九届全国人民代表大会常务委员会第二十四次会议通过《职业病防治法》，中华人民共和国主席令第六十号公布，于 2002 年 5 月 1 日起施行。

第四阶段：从2011年至今。《职业病防治法》分别在2011年12月31日、2016年7月2日和2017年11月4日经历了3次修改，2017年修改的《职业病防治法》于2017年11月5日起施行。

（2）职业病目录的历史延革

我国职业病目录所包括的职业病种类随着社会经济的发展不断扩大、完善，主要经历初起阶段、发展阶段和规范阶段。

1）初起阶段

1957年2月，原卫生部公布了《职业病范围和职业病患者处理办法的规定》（以下简称《规定》），将危害劳动者健康和影响生产比较严重、职业性比较明显的14种职业病列为国家法定职业病。

2）发展阶段

1987年修订和增补《规定》，将职业病名单扩大为9类、99种，由原卫生部、原劳动人事部、财政部和全国总工会联合颁布，自1988年1月起实施。该《规定》对适用的对象、职业病定义、诊断办法、患者的待遇和劳动人事问题均有详细说明。如凡属《规定》职业病患者，在治疗和休养期间、确定为伤残时、治疗无效而死亡时，均应按《中华人民共和国劳动保险条例》的有关规定给予待遇。

3）规范阶段

2002年5月1日起实施的《职业病防治法》第二条第三款规定："职业病的分类和目录由国务院卫生行政部门会同国务院劳动保障行政部门规定、调整并公布。"2002年5月23日，原卫生部、原劳动保障部两部门联合发布《职业病目录》（2002版），将职业病目录扩大到10大类、115种。

2013年12月23日，国家卫生计生委、人力资源和社会保障部、国家安全监管总局、全国总工会4部门联合印发了《职业病分类和目录》，将职业病调整为10大类、132种。

（3）《职业病防治法》宣传周活动

《职业病防治法》自2002年5月1日起施行，原卫生部决定从2002年起，每年4月最后一周为《职业病防治法》宣传周，全国各地都会在此期间举行丰富多彩的普法宣传活动，旨在增强全社会的职业病防范意识。每年《职业病防治法》宣传周的宣传主题如下：

2003年：职业病防治是用人单位责任。

2004年：尊重生命，保护劳动者健康。

2005年：防治职业病，保护劳动者健康。

2006年：保护劳动者职业健康权益，构建和谐社会。

2007年：劳动者健康与用人单位社会责任。

2008年：工作·健康·和谐。

2009年：保护农民工的健康是全社会的共同责任。

2010年：防治职业病，造福劳动者——劳动者享有基本职业卫生服务。

2011年：关爱农民工职业健康。

2012年：防治职业病，爱护劳动者。

2013年：防治职业病，幸福千万家。

2014年：防治职业病，职业要健康。

2015年：依法防治职业病，切实关爱劳动者。

2016年：健康中国，职业健康先行。

2017年：健康中国，职业健康先行。

2018年：健康中国，职业健康先行。

《职业病防治法》施行15年来，有法可依，有法必依，广大劳动者的权益得到了保护，社会更加关爱职业群体。

11. 我国职业病防治监督管理体制

职业病防治工作是一项系统工程，融行政性和业务性特点为一体，既需要行政部门的执法监管，又需要服务机构的技术支撑。国家实行职业卫生监督管理制度，县级以上地方人民政府安全生产监督管理部门、卫生行政部门、人力资源社会保障行政部门依据各自职责，负责本行政区域内职业病防治的监督管理工作。县级以上地方人民政府有关部门在各自的职责范围内负责职业病防治的有关监督管理工作。职业卫生监督管理部门应当加强沟通，密切配合，按照各自职责分工，依法行使职权，承担责任。

职业卫生监督管理部门包括：安全生产监督管理部门、卫生行政部门、人力资源社会保障行政部门及工会组织。

（1）安全生产监督管理部门

1）起草职业卫生监管有关法规，制定用人单位职业卫生监管相关规章，组织拟订国家职业卫生标准中的用人单位职业病危害因素工程控制、职业病防护设施、个体职业病防护等相关标准。

2）负责用人单位职业卫生监督检查工作，依法监督用人单位贯彻执行国家有关职业病防治法律法规和标准情况，组织查处职业危害事故和违法违规行为。

3）负责新建、改建、扩建工程项目和技术改造、技术引进项目的职业卫生“三同时”审查及监督检查，负责监督管理用人单位职业病危害项目申报工作。

4）负责依法管理职业卫生安全许可证的颁发工作，负责职业卫生检测、评价技术服务机构的资质认定和监督管理工作，组织指导并监督检查有关职业卫生培训工作。

5）负责监督检查和督促用人单位依法建立职业危害因素检测、评价、劳动者职业健康监护、相关职业卫生检查等管理制度；监督、检查和督促用人单位提供劳动者健康损害、职业史、职业病危害接触史等相关证明材料。

6）负责汇总、分析职业病危害因素检测、评价，劳动者职业健康监护等信息，向相关部门和机构提供职业卫生监督检查情况。

（2）卫生行政部门

1）负责会同国家安全监管总局、人力资源和社会保障部等有关部门拟订职业病防治法律法规、职业病防治规划，组织制定发布国家职业卫生标准。

2）负责监督管理职业病诊断与鉴定工作。

3）组织开展重点职业病监测和专项调查，开展职业健康风险评估，研究提出职业病防治对策。

4）负责化学品毒性鉴定、个人剂量监测、放射防护器材和含放射性产品检测等技术服务机构的资质认定和监督管理；审批承担职业健康检查、职业病诊断的医疗卫生机构并进行监督管理，规范职业病的检查和救治；会同相关部门加强职业病防治机构建设。

5）负责医疗机构放射性危害控制的监督管理。

6）负责职业病报告的管理和发布，组织开展职业病防治科学研究。

7）组织开展职业病防治法律、法规和知识的宣传教育，开展职业人群健康促进工作。

（3）人力资源社会保障行政部门

1）负责劳动合同实施情况监管工作，督促用人单位依法签订劳动合同。

2）依据职业病诊断结果，做好职业病人的社会保障工作。

（4）工会组织

依法参与职业病危害事故的调查处理，反映劳动者职业健康方面的诉求，提出意见和建议，维护劳动者合法权益。

第四章

用人单位职业病防治

12. 用人单位职业病防治规章制度

用人单位应根据国家、地方的职业病防治法律、法规的要求，结合本单位实际，制定相应的规章制度。国家安全监管总局发布的《工作场所职业卫生监督管理规定》明确规定了用人单位职责，即对于存在职业病危害的用人单位，应当制定下列 13 项职业卫生管理制度和操作规程，既有利于规范用人单位职业卫生基础工作，又便于安全生产监督管理部门公正、严格执法。

（1）职业病危害防治责任制度

用人单位职业病危害防治责任制度包括以下几方面：

1）设立职业病防治领导机构：用人单位的法定代表人对本单位的职业病防治工作全面负责。

2）设置职业卫生管理机构：用人单位应设置或指定职业卫生管理机构及相关组织，负责本单位职业卫生管理体系的建立和运行。

3）配备专（兼）职的职业卫生专业人员：对本单位职业卫生工作提供技术指导和管理。

4）职业病防治工作纳入目标管理责任制：用人单位在制定生产经营整体规划时，应将职业病防治工作纳入法定代表人的目标管理责任制中，并通过层层分解的目标使下属机构都有相应的职责、任务、目标、进度和考核指标。

5）制订职业病防治计划和实施方案：用人单位制订的年度职业病防治计划应包括目的、目标、措施、考核指标、保障条件等内容；实施方案应包括时间、进度、实施步骤、技术要求、考核内容、验收方法等内容。

6）建立、健全职业卫生管理制度：职业卫生管理制度应包括管理部门、职责、目标、内容、保障措施、评估方法等要素。

（2）职业病危害警示与告知制度

对产生严重职业病危害的工作岗位，应当在其醒目位置设置警示标识和中文警示说明。警示说明应当载明产生职业病危害的种类、后果、预防及应急救治措施等内容。

产生职业病危害的用人单位，应当在醒目位置设置公告栏，公布有关职业病防治的规章制度、操作规程、职业病危害事故应急救援措施和工作场所职业病危害因素检测结果。

用人单位与劳动者订立劳动合同（含聘用合同）时，应当将工作过程中可能产生的职业病危害及其后果、职业病防护措施和待遇等如实告知劳动者，并在劳动合同中写明，不得隐瞒或者欺骗。

劳动者在已订立劳动合同期间，因工作岗位或者工作内容变更，从事已订立劳动合同中未告知的存在职业病危害的工作时，用人单位应当依照规定向劳动者履行如实告知的义务，并协商变更原劳动合同的相关条款。

（3）职业病危害项目申报制度

国家建立职业病危害项目申报制度，职业病危害项目申报是用人单位必须履行的法定义务。用人单位工作场所存在《职业病危害因素分类目录》所列职业病危害因素的，应当及时、如实向所在地安全生产监督管理部门申报职业病危害项目并接受监督。

（4）职业病防治宣传教育培训制度

用人单位的主要负责人和职业卫生管理人员应当接受职业卫生培训，遵守职业病防治法律、法规，依法组织本单位的职业病防治工作。

用人单位应当对劳动者进行定期职业卫生培训，普及职业卫生知识。

（5）职业病防护设施维护检修制度

职业病防护设施是对预防、消除或者降低工作场所的职业病危害，减少职业病危害因素对劳动者健康的损害或影响，达到保护劳动者健康目的的装置和设备的总称。职业病防护设施维护检修制度包括：用人单位对职业病防护设施进行定期或不定期检查、维修、保养，保证职业病防护设施正常运转；每年对职业病防护设施的效果进行综合性检测，评定职业病防护设施对职业病危害因素的控制效果；对劳动者进行培训，指导劳动者正确使用职业病防护设施等。

（6）个人使用的职业病防护用品管理制度

个人使用的职业病防护用品是指劳动者在职业活动中个人随身穿（佩）戴的特殊用品，这些用品能消除或减轻职业病危害因素对劳动者健康的影响。个人使用的职业病防护用品是预防职业病的最后一道防线，因此，用人单位应当建立职业病防护用品管理制度，对劳动者进行培训，指导劳动者正确使用职业病防护用品，并建立采购、保管、领发、回收等使用制度。

（7）职业病危害监测及评价管理制度

用人单位应当实施由专人负责的职业病危害因素日常监测，并确保监测系统处于正常运行状态。

用人单位应当按照国务院安全生产监督管理部门的规定，定期对工作场所进行职业病危害因素监测、评价。监测、评价结果存入用人单位职业卫生档案，定期向所在地安全生产监督管理部门报告，并向劳动者公布。

发现工作场所职业病危害因素不符合国家职业卫生标准和卫生要求时，用人单位应当立即采取相应治理措施；仍然达不到国家职业卫生标准和卫生要求的，必须停止存在职业病危害因素的工作；职业病危害因素经治理后符合国家职业卫生标准和卫生要求的，方可重新工作。

（8）建设项目职业卫生“三同时”管理制度

新建、扩建、改建的建设项目和技术改造、技术引进项目（统称建设项目）可能产生职业病危害的，建设单位在可行性论证阶段应当进行职业病危害预评价。

建设项目在竣工验收前，建设单位应当进行职业病危害控制效果评价。

建设项目的职业病防护设施所需费用应当纳入建设项目工程预算，并与主体工程同时设计，同时施工，同时投入生产和使用（统称建设项目职业病防护设施“三同时”）。

（9）劳动者职业健康监护及其档案管理制度

对从事接触职业病危害工作的劳动者，用人单位应当按照国务院安全生产监督管理部门、卫生行政部门的规定，组织上岗前、在岗期间和离岗时的职业健康检查，并将检查结果书面告知劳动者。职业健康检查应当由省级以上人民政府卫生行政部门批准的医疗卫生机构承担。职业健康检查费用由用人单位承担。

用人单位不得安排未经上岗前职业健康检查的劳动者从事接触职业病危害的工作；不得安排有职业禁忌的劳动者从事其所禁忌的工作；对在职业健康检查中发现有与所从事的职业相关的健康损害的劳动者，应当调离原工作岗位并妥善安置；对未进行离岗时职业健康检查的劳动者，不得解除或者终止与其订立的劳动合同。

用人单位应当为劳动者建立职业健康监护档案，并按照规定的期限妥善保存。职业健康监护档案应当包括劳动者的职业史、职业病危害接触史、职业健康检查结果和职业病诊疗等有关个人健康资料。

劳动者离开用人单位时，有权索取本人职业健康监护档案复印件，用人单位应当如实、无偿提供，并在所提供的复印件上签章。

（10）职业病危害事故处置与报告制度

发生或者可能发生急性职业病危害事故时，用人单位应当立即采取应急救援和控制措施，并及时报告所在地安全生产监督管理部门和有关部门。

对遭受或者可能遭受急性职业病危害的劳动者，用人单位应当及时组织救治，进行健康检查和医学观察，所需费用由用人单位承担。

（11）职业病危害应急救援与管理制度

用人单位应建立、健全职业病危害事故应急救援预案，形成书面文件并予以公布。职业病危害事故应急救援预案应明确责任人、

组织机构、事故发生后的疏通路线、紧急集合点、技术方案、救援设施的维护和启动、医疗救护方案等内容。

应急救援设施应存放在车间内或邻近车间处，一旦发生事故，应保证在10 s内能够获取。应急救援设施存放处应有醒目的警示标识，应确保劳动者知晓，应使劳动者掌握急救用品的使用方法。

用人单位应定期演练职业病危害事故应急救援预案。用人单位应对职业病危害事故应急救援预案的演练作出相关规定，对演练的周期、内容、项目、时间、地点、目标、效果评价、组织实施及负责人等予以明确；应如实记录实际演练的全程并存档。

（12）岗位职业卫生操作规程

用人单位应制定岗位职业卫生操作规程（用中文），并在工作场职业卫生所的醒目位置设置公告栏，方便劳动者了解，提示劳动者遵守。岗位职业卫生操作规程应经科学论证，并与岗位职责相对应，应简明易懂、条款清楚、用词规范，保证劳动者理解掌握，还应包括职业卫生防护的内容。

（13）法律、法规、部门规章规定的其他职业病防治制度

《中华人民共和国劳动法》（以下简称《劳动法》）第五十七条规定："国家建立伤亡事故和职业病统计报告和处理制度。县级以上各级人民政府劳动行政部门、有关部门和用人单位应当依法对劳动者在劳动过程中发生的伤亡事故和劳动者的职业病状况，进行统计、报告和处理。"其目的是为了真实地掌握情况，有效地采取对策，预防或防止工伤事故和职业病的发生。用人单位如果有瞒报、漏报工伤或职业病的，工会和劳动者都可以向所在地社会保障部门报告和申诉，并获得相应的工伤保险待遇。

13. 用人单位职业病防治资金投入

根据《职业病防治法》及相关法律、法规的规定，为了保护劳动者健康权益和用人单位长期利益，安全生产监督管理部门、国务院卫生行政部门对用人单位职业病防治资金投入进行规定。

在用人单位建设初期，建设项目的职业病防护设施所需费用应当纳入建设项目工程预算，并与主体工程同时设计，同时施工，同时投入生产和使用。

在生产过程中，用人单位按照职业病防治要求，在生产成本中据实列支用于预防和治理职业病危害、工作场所卫生检测、健康监护和职业卫生培训等费用。

对从事接触职业病危害工作的劳动者，用人单位应当按照国务院安全生产监督管理部门、卫生行政部门的规定，组织上岗前、在岗期间和离岗时的职业健康检查，并将检查结果书面告知劳动者。职业健康检查费用由用人单位承担。

对遭受或者可能遭受急性职业病危害的劳动者，用人单位应当及时组织救治并进行健康检查和医学观察，所需费用由用人单位承担。

职业病诊断、鉴定费用由用人单位承担。职业病诊断、鉴定过程中，在确认劳动者职业史、职业病危害接触史时，当事人对劳动关系、工种、工作岗位或在岗时间有争议的，可以向当地的劳动人事争议仲裁委员会申请仲裁；用人单位对仲裁裁决不服的，可以在职业病诊断、鉴定程序结束之日起 15 日内依法向人民法院提起诉讼。诉讼期间，劳动者的治疗费用按照职业病待遇规定的途径支付。

用人单位应当为所有与之建立劳动关系的劳动者购买工伤保险。职业病病人的诊疗、康复费用，伤残及丧失劳动能力的职业病病人的社会保障，按照国家工伤保险的有关规定执行。

14. 职业健康教育培训

职业健康教育培训是根据不同工作场所劳动者的职业特点，针对所接触的职业病危害因素，通过提供职业卫生防护知识、技能、服务，以促使劳动者自觉采纳有益于健康的行为和生活方式，自觉、主动地采取防护措施，防止各种职业病危害因素对健康造成损害，促进劳动者的健康。

（1）对用人单位的法定代表人、管理者代表、管理人员及职业卫生管理人员进行职业健康教育培训

用人单位的法定代表人、管理者代表、管理人员及职业卫生管理人员应自觉遵守职业病防治法律、法规，并应接受职业健康教育培训，同时还应按规定组织本单位的职业健康教育培训工作。

上述人员的职业健康教育培训，应当包括下列主要内容：

1）职业卫生相关法律、法规、规章和国家职业卫生标准。

2）职业病危害预防和控制的基本知识。

3）职业卫生管理相关知识。

4）国家安全监管总局规定的其他内容。

（2）对上岗前的劳动者进行职业健康教育培训

用人单位应对上岗前、变更工作岗位或工作内容的劳动者进行职业健康教育培训，未经上岗前职业健康教育培训的劳动者，一律不得安排上岗。培训内容应包括职业卫生法律、法规、规章、操作规程、所在岗位的职业病危害及其防护设施、个人使用的职业病防护用品的使用和维护、劳动者所享有的职业卫生权利等内容。

用人单位应做好职业健康教育培训的记录及存档工作，存档内容包括培训通知、教材、试卷、考核成绩等，档案资料应由专人负责保管。

（3）定期对在岗期间的劳动者进行职业健康教育培训

职业健康教育培训的内容应包括职业卫生法律、法规、规章、操作规程、所在岗位的职业病危害及其防护设施、个人使用的职业病防护用品的使用和维护、应急救援知识、劳动者所享有的职业卫生权利等内容。用人单位根据实际情况制订培训计划，确定培训周期；应做好职业健康教育培训的记录及存档工作，存档内容包括培训通知、教材、试卷、考核成绩等，档案资料应有专人负责保管。

劳动者应当学习和掌握相关的职业卫生知识，增强职业病防范意识，遵守职业病防治法律、法规、规章和操作规程，正确使用、维护职业病防护设备和个人使用的职业病防护用品，发现职业病危害事故隐患应当及时报告。

15. 建设项目职业病防护“三同时”

职业病防护设施，是指消除或者降低工作场所的职业病危害因素的浓度或者强度，预防和减少职业病危害因素对劳动者健康的损害或者影响，保护劳动者健康的设备、设施、装置、构（建）筑物等的总称。

根据《职业病防治法》《建设项目职业病防护设施“三同时”监督管理办法》的规定，建设项目投资、管理的单位（以下简称建

设单位）作为建设项目职业病防护设施建设的责任主体，对可能存在或者产生《职业病危害因素分类目录》所列职业病危害因素的新建、改建、扩建和技术改造、技术引进的建设项目，职业病防护设施必须与主体工程同时设计，同时施工，同时投入生产和使用。建设单位应当优先采用有利于保护劳动者健康的新技术、新工艺、新设备和新材料，职业病防护设施所需费用应当纳入建设项目工程预算。

建设单位对可能产生职业病危害的建设项目，应当进行职业病危害预评价、职业病防护设施设计、职业病危害控制效果评价及相应的评审，组织职业病防护设施验收，建立、健全建设项目职业卫生管理制度与档案。建设项目职业病防护设施“三同时”工作可以与安全设施“三同时”工作一并进行。

除国家保密的建设项目外，存在职业病危害的建设单位应当通过公告栏、网站等方式，及时公布建设项目职业病危害预评价、职业病防护设施设计、职业病危害控制效果评价的承担单位、评价结论、评审时间及评审意见，以及职业病防护设施验收时间、验收方案和验收意见等信息，供本单位劳动者和安全生产监督管理部门查询。

（1）职业病危害预评价阶段

对可能产生职业病危害的建设项目，建设单位应当在建设项目可行性论证阶段进行职业病危害预评价，编制预评价报告。

建设项目职业病危害预评价报告应当符合职业病防治有关法律、法规、规章和标准的要求，并包括下列主要内容：建设项目概况，主要包括项目名称、建设地点、建设内容、工作制度、岗位设置及人员数量等；建设项目可能产生的职业病危害因素及其对工作场所、劳动者健康影响与危害程度的分析与评价；对建设项目拟采取的职业病防护设施和防护措施进行分析、评价，并提出对策与建议；评价结论应明确建设项目的职业病危害因素类别、拟采取的职业病防护设施和防护措施是否符合职业病防治有关法律、法规、规章和标准的要求。

职业病危害预评价报告编制完成后，建设单位应当组织职业卫生专业技术人员对职业病危害预评价报告进行评审，出具评审意见。

建设单位应当按照评审意见对职业病危害预评价报告进行修改完善，并对最终的职业病危害预评价报告的真实性、客观性和合规性负责。职业病危害预评价工作过程应当形成书面报告备查。

建设项目职业病危害预评价报告通过评审后，建设项目的生产规模、工艺等发生变更导致职业病危害因素发生重大变化的，建设单位应当对变更内容重新进行职业病危害预评价和评审。

（2）职业病防护设施设计

存在职业病危害的建设项目，建设单位应当在施工前按照职业病防治有关法律、法规、规章和标准的要求，进行职业病防护设施设计。

建设项目职业病防护设施设计应当包括下列内容：设计依据；建设项目概况及工程分析；职业病危害因素分析及危害程度预测；拟采取的职业病防护设施和应急救援设施的名称、规格、型号、数量、分布，并对防护性能进行分析；辅助用室及卫生设施的设置情况；对预评价报告中拟采取的职业病防护设施、防护措施及对策措施采纳情况的说明；职业病防护设施和应急救援设施投资预算明细表；职业病防护设施和应急救援设施可以达到的预期效果及评价。

职业病防护设施设计完成后，建设单位应当组织职业卫生专业技术人员对职业病防护设施的设计进行评审，并出具评审意见。

建设单位应当按照评审意见对职业病防护设施设计进行修改完善，并对最终的职业病防护设施设计的真实性、客观性和合规性负责。职业病防护设施设计工作过程应当形成书面报告备查。

建设单位应当按照评审通过的设计和有关规定组织职业病防护设施的采购和施工。建设项目职业病防护设施设计在完成评审后，建设项目的生产规模、工艺等发生变更导致职业病危害因素发生重大变化的，建设单位应当对变更的内容重新进行职业病防护设施设计和评审。

（3）职业病危害控制效果评价与防护设施验收

建设项目在竣工验收前或者试运行期间，建设单位应当进行职业病危害控制效果评价，编制评价报告。建设单位在职业病防护设施验收前，应当编制验收方案。

建设单位应当组织职业卫生专业技术人员对职业病危害控制效果评价报告进行评审，对职业病防护设施进行验收，出具评审意见和验收意见。

建设单位应当按照评审与验收意见对职业病危害控制效果评价报告和职业病防护设施进行整改完善，并对最终的职业病危害控制效果评价报告和职业病防护设施验收结果的真实性、合规性和有效性负责。

建设单位应当将职业病危害控制效果评价和职业病防护设施验收工作过程形成书面报告备查，其中，职业病危害严重的建设项目应当在验收完成之日起 20 日内向管辖该建设项目的安全生产监督管理部门提交书面报告。

分期建设、分期投入生产或使用的建设项目，其配套的职业病防护设施应当分期与建设项目同步进行验收。

建设项目职业病防护设施未按照规定验收合格的，不得投入生产或使用。

16. 用人单位职业卫生日常管理

（1）职业卫生管理机构和人员的设置

职业病危害严重的用人单位，应当设置或指定职业卫生管理机构或组织，配备专职职业卫生管理人员。

其他存在职业病危害的用人单位，劳动者超过 100 人的，应当设置或指定职业卫生管理机构或组织，配备专职职业卫生管理人员；劳动者在 100 人以下的，应当配备专职或兼职的职业卫生管理人员，负责本单位的职业病防治工作。

（2）职业卫生培训

用人单位的主要负责人和职业卫生管理人员应当具备与本单位所从事的生产经营活动相适应的职业卫生知识和管理能力，并接受职业卫生培训。培训应当包括下列主要内容：

1）职业卫生相关法律、法规、规章和国家职业卫生标准。

2）职业病危害预防和控制的基本知识。

3）职业卫生管理相关知识。

4）国家安全监管总局规定的其他内容。

用人单位应当对劳动者进行上岗前的职业卫生培训和在岗期间的定期职业卫生培训，普及职业卫生知识，督促劳动者遵守职业病防治的法律、法规、规章、国家职业卫生标准和操作规程，应当对

职业病危害严重岗位的劳动者进行专门的职业卫生培训，经培训合格后方可上岗工作。

因变更工艺、技术、设备、材料，或岗位调整导致劳动者接触的职业病危害因素发生变化的，用人单位应当重新对劳动者进行上岗前的职业卫生培训。

（3）职业卫生管理制度

存在职业病危害的用人单位应当制订职业病危害防治计划和实施方案，建立、健全下列职业卫生管理制度和操作规程：

1）职业病危害防治责任制度。

2）职业病危害警示与告知制度。

3）职业病危害项目申报制度。

4）职业病防治宣传教育培训制度。

5）职业病防护设施维护检修制度。

6）职业病防护用品管理制度。

7）职业病危害监测及评价管理制度。

8）建设项目职业卫生“三同时”管理制度。

9）劳动者职业健康监护及其档案管理制度。

10）职业病危害事故处置与报告制度。

11）职业病危害应急救援与管理制度。

12）岗位职业卫生操作规程。

13）法律、法规、规章规定的其他职业病防治制度。

（4）工作场所管理

产生职业病危害的用人单位的工作场所应当符合下列基本要求：

1）生产布局合理，有害工作与无害工作分开。

2）工作场所与生活场所分开，工作场所不得住人。

3）有与职业病防治工作相适应的有效防护设施。

4）职业病危害因素的强度或浓度符合国家职业卫生标准。

5）有配套的更衣间、洗浴间、孕妇休息间等卫生设施。

6）设备、工具、用具等设施符合保护劳动者生理、心理健康的要求。

7）法律、法规、规章和国家职业卫生标准的其他规定。

（5）职业病危害项目申报

用人单位工作场所存在职业病目录所列职业病危害因素的，应当按照《职业病危害项目申报办法》的规定，及时、如实向所在地安全生产监督管理部门申报职业病危害项目，并接受安全生产监督管理部门的监督检查。

1）新建、改建、扩建的工程建设项目和技术改造、技术引进项目可能产生职业病危害的，建设单位应当按照《建设项目职业病防护设施“三同时”监督管理办法》的规定，向安全生产监督管理部门申请备案、审核、审查和竣工验收。

2）产生职业病危害的用人单位，应当在醒目位置设置公告栏，公布有关职业病防治的规章制度、操作规程、职业病危害事故应急救援措施和工作场所职业病危害因素检测结果。

（6）设置警示标识和警示说明

1）存在或者产生职业病危害因素的工作场所、工作岗位、设备、设施，应当按照《工作场所职业病危害警示标识》（GBZ 158）的规定，在醒目位置设置图形、警示线、警示语句等警示标识和中文警示说明。警示说明应当载明产生职业病危害的种类、后果、预防和应急处置措施等内容。

2）存在或产生高毒物品的工作岗位，应当按照《高毒物品作业岗位职业病危害告知规范》（GBZ/T 203）的规定，在醒目位置设置高毒物品告知卡，告知卡应当载明高毒物品的名称、理化特性、健康危害、防护措施及应急处理等告知内容与警示标识。

（7）为劳动者配发个人防护用品

用人单位应当为劳动者提供符合国家职业卫生标准的个人使用的职业病防护用品，并督促、指导劳动者按照使用规则正确佩戴、使用，不得发放钱物替代发放职业病防护用品；对职业病防护用品进行经常性的维护、保养，确保防护用品有效，不得使用不符合国家职业卫生标准或已经失效的职业病防护用品。

（8）提供职业病防护应急救援设备、设施

1）在可能发生急性职业损伤的有毒、有害工作场所，用人单位应当设置报警装置，配置现场急救用品、冲洗设备、应急撤离通道和必要的泄险区。

2）现场急救用品、冲洗设备等应当设在可能发生急性职业损伤的工作场所或临近地点，并在醒目位置设置清晰的标识。

3）在可能突然泄漏、逸出大量有害物质的密闭或半密闭工作场所，除遵守上述规定外，用人单位还应当安装事故通风装置及与事故排风系统相联锁的泄漏报警装置。

4）生产、销售、使用、储存放射性同位素和射线装置的场所，应当按照国家有关规定设置明显的放射性标志，其入口处应当按照国家有关安全和防护标准的要求，设置安全和防护设施、必要的防护安全联锁报警装置或工作信号。放射性装置的生产调试和使用场所应当具有防止误操作、防止工作人员受到意外照射的安全措施。用人单位必须配备与辐射类型和辐射水平相适应的防护用品和监测仪器，包括个人剂量测量报警、固定式和便携式辐射监测、表面污染监测、流出物监测等设备，并保证可能接触放射线的工作人员佩戴个人剂量计。

5）用人单位应当对职业病防护设备、应急救援设施进行经常性的维护、检修和保养，定期检测其性能和效果，确保其处于正常状态，不得擅自拆除或停止使用。

（9）职业病危害因素监测

1）存在职业病危害的用人单位，应当实施由专人负责的工作场所职业病危害因素日常监测，确保监测系统处于正常工作状态。

2）应当委托具有相应资质的职业卫生技术服务机构，每年至少进行一次职业病危害因素检测。职业病危害严重的用人单位，除遵守前述规定外，应当委托具有相应资质的职业卫生技术服务机构，每 3 年至少进行 1 次职业病危害现状评价。

3）检测、评价结果应当存入本单位职业卫生档案，并向安全生产监督管理部门报告、向劳动者公布。

4）存在职业病危害的用人单位，有下述情形之一的，应当及时委托具有相应资质的职业卫生技术服务机构进行职业病危害现状评价：

①初次申请职业卫生安全许可证，或者职业卫生安全许可证有效期届满申请换证的。

②发生职业病危害事故的。

③国家安全监管总局规定的其他情形。

用人单位应当落实职业病危害现状评价报告中提出的建议和措施，并将职业病危害现状评价结果及整改情况存入本单位职业卫生档案。

5）用人单位在日常职业病危害监测或定期检测、现状评价过程中，发现工作场所职业病危害因素不符合国家职业卫生标准和卫生要求时，应当立即采取相应治理措施，确保其符合职业卫生标准和条件的要求；仍然达不到国家职业卫生标准和卫生要求的，必须停止存在职业病危害因素的工作；职业病危害因素经治理后，符合国家职业卫生标准和卫生要求的，方可重新工作。

（10）向用人单位提供的设备、化学品、放射性物质等要符合的相关规定

1）向用人单位提供可能产生职业病危害设备的，应当提供中文说明书，并在设备的醒目位置设置警示标识和中文警示说明。警示说明应当载明设备性能、可能产生的职业病危害、安全操作和维护注意事项、职业病防护措施等内容。

2）向用人单位提供可能产生职业病危害的化学品、放射性同位素和含有放射性物质的材料的，应当提供中文说明书。说明书应当载明产品特性、主要成分、存在的有害因素、可能产生的危害后果、安全使用注意事项、职业病防护和应急救治措施等内容。产品包装应当有醒目的警示标识和中文警示说明。储存上述材料的场所应当在规定的部位设置危险物品警示标识或放射性警示标识。

（11）用人单位不得使用不符合要求的材料

1）任何用人单位不得使用国家明令禁止使用的可能产生职业病危害的设备或材料。

2）任何单位和个人不得将产生职业病危害的工作转移给不具备职业病防护条件的单位和个人。不具备职业病防护条件的单位和个人不得接受产生职业病危害的工作。

（12）对用人单位工艺设备的要求

1）用人单位应当优先采用有利于防治职业病危害和保护劳动者健康的新技术、新工艺、新材料、新设备，逐步替代产生职业病危害的技术、工艺、材料、设备。

2）用人单位对采用的技术、工艺、材料、设备，应当知悉其可能产生的职业病危害，并采取相应的防护措施。对有职业病危害的技术、工艺、设备、材料，故意隐瞒其危害并采用的，用人单位对其造成的职业病危害后果承担责任。

（13）用人单位劳动合同的规定

用人单位与劳动者订立劳动合同（含聘用合同，下同）时，应当将工作过程中可能产生的职业病危害及其后果、职业病防护措施和待遇等如实告知劳动者，并在劳动合同中写明，不得隐瞒或欺骗。

劳动者在履行劳动合同期间，因工作岗位或工作内容变更而接触所订立劳动合同中未告知的职业病危害因素时，用人单位应当依照上述规定向劳动者履行如实告知的义务，并协商变更原劳动合同的相关条款。

用人单位违反劳动合同告知规定的，劳动者有权拒绝从事存在职业病危害的工作，用人单位不得因此解除与劳动者所订立的劳动合同。

（14）劳动者职业健康监护的规定

1）对从事接触职业病危害因素工作的劳动者，用人单位应当按照《用人单位职业健康监护监督管理办法》《放射工作人员职业健康管理办法》《职业健康监护技术规范》（GBZ 188）、《放射工作人员职业健康监护技术规范》（GBZ 235）等有关规定组织上岗前、

在岗期间、离岗时的职业健康检查，并将检查结果书面如实告知劳动者。职业健康检查费用由用人单位承担。

2）用人单位应当按照《用人单位职业健康监护监督管理办法》的规定，为劳动者建立职业健康监护档案，并按照规定的期限妥善保存。

职业健康监护档案应当包括劳动者的职业史、职业病危害接触史、职业健康检查结果、处理结果和职业病诊疗等有关个人健康资料。

劳动者离开用人单位时，有权索取本人职业健康监护档案复印件，用人单位应当如实、无偿提供，并在所提供的复印件上签章。

（15）职业病诊断鉴定的规定

劳动者健康出现损害需要进行职业病诊断、鉴定的，用人单位应当如实提供职业病诊断、鉴定所需的劳动者职业史、职业病危害接触史、工作场所职业病危害因素检测结果、放射工作人员个人剂量监测结果等资料。

（16）对未成年工和女职工的特殊规定

用人单位不得安排未成年工从事接触职业病危害的工作，不得安排孕期、哺乳期女职工从事对本人和胎儿、婴儿有危害的工作。

（17）用人单位应当建立、健全的职业卫生档案资料

1）职业病防治责任制文件。

2）职业卫生管理规章制度、操作规程。

3）工作场所职业病危害因素种类清单、岗位分布及劳动者接触情况等资料。

4）职业病防护设施、应急救援设施基本信息，以及其配置、使用、维护、检修、更换等记录。

5）工作场所职业病危害因素检测、评价报告与记录。

6）个人使用的职业病防护用品配备、发放、维护与更换等记录。

7）主要负责人、职业卫生管理人员和职业病危害严重的工作岗位的劳动者等相关人员的职业卫生培训资料。

8）职业病危害事故报告与应急处置记录。

9）劳动者职业健康检查结果汇总资料，存在职业禁忌证、职业健康损害或职业病的劳动者的处理和安置情况记录。

10）建设项目职业卫生“三同时”有关技术资料，以及其备案、审核、审查、验收等有关回执或批复文件。

11）职业卫生安全许可证申领、职业病危害项目申报等有关回执或批复文件。

12）其他有关职业卫生管理的资料或文件。

（18）发生急性职业病危害事故的处理规定

1）用人单位发生急性职业病危害事故时，应当及时向所在地安全生产监督管理部门和有关部门报告，并采取有效措施减少或消除职业病危害因素，防止事故扩大。对遭受或者可能遭受急性职业病危害的劳动者，用人单位应当及时组织救治，进行健康检查和医学观察，并承担所需费用。

用人单位不得故意破坏事故现场、毁灭有关证据，不得迟报、漏报、谎报或瞒报职业病危害事故。

2）用人单位发现职业病病人或疑似职业病病人时，应当按照国家规定及时向所在地安全生产监督管理部门和卫生行政部门报告。

（19）对用人单位配合监督检查的规定

用人单位在安全生产监督管理部门行政执法人员依法履行监督检查职责时，应当予以配合，不得拒绝、阻挠。

17. 职业健康检查

职业健康检查，是应用医学临床检查和相关实验室检查对接触职业病危害的劳动者进行筛检的医学健康检查，其目的是早期发现劳动者与接触的职业病危害因素有关的健康损害、职业病，以便及时采取干预措施。

职业健康检查是我国为保护劳动者健康权益而规定的，具有一定强制性。职业健康检查应当根据劳动者接触职业危害因素的类别，按照《职业健康监护技术规范》（GBZ 188）的规定确定检查项目和检查周期，需复查时可根据复查要求增加必要的检查项目。

（1）职业健康检查的特点

1）具有法律效力：实施职业健康检查的单位是省级以上人民政府卫生行政部门批准的医疗卫生机构，对其出具的检查结果承担相应的法律责任。

2）针对性强：上岗前职业健康检查就是针对即将从事接触职业病危害作业的劳动者是否有职业禁忌证进行的。

3）特殊性强：不同的职业病危害因素造成的健康损害不同，如粉尘作业主要对呼吸系统造成损伤，所以除了常规检查项目外，还必须做X线胸片和肺功能检查等。

4）政策性强：《职业病防治法》规定，对从事接触职业病危害作业的劳动者，用人单位应当按照国务院安全生产监督管理部门、卫生行政部门的规定，组织上岗前、在岗期间和离岗时的职业健康检查，并将检查结果书面告知劳动者。

（2）职业健康检查的种类

1）上岗前职业健康检查，主要目的是发现有无职业禁忌证，建立接触职业病危害因素劳动者的基础健康档案。上岗前健康检查均为强制性职业健康检查，应在开始从事接触职业病危害作业前完成。

2）在岗期间职业健康检查，主要目的是早期发现职业病病人、疑似职业病病人、劳动者的其他健康异常改变；及时发现有职业禁忌的劳动者；通过动态观察劳动者健康变化，评价工作场所职业病危害因素的控制效果。定期职业健康检查的周期应根据不同职业病危害因素的性质、工作场所职业病危害因素的浓度或强度、目标疾病的潜伏期和防护措施等因素决定。

3）离岗时职业健康检查，主要目的是确定其在停止接触职业病危害因素时的健康状况。

（3）应进行职业健康检查的人群

1）拟从事接触职业病危害因素作业的新录用人员（包括转岗到该作业岗位的人员）、拟从事有特殊健康要求作业（如高处作业、电工作业、职业机动车驾驶作业等）的人员，应进行上岗前职业健康检查。

2）长期接触需要开展职业健康监护的职业病危害因素的劳动者，应进行在岗期间的定期职业健康检查。

3）劳动者在准备调离或脱离所从事的职业病危害作业或岗位前，应进行离岗时职业健康检查。对离岗时未进行职业健康检查的劳动者，用人单位不得解除或者终止与其订立的劳动合同。

4）用人单位发生分立、合并、解散、破产等情形的，应当对从事接触职业病危害作业的劳动者进行职业健康检查，并按照国家有关规定妥善安置职业病病人。

5）对遭受或者可能遭受急性职业病危害的劳动者，用人单位应当及时组织救治，进行职业健康检查和医学观察。

（4）可进行职业健康检查的机构

开展职业健康检查的医疗卫生机构，应当经省级卫生计生行政部门批准，也就是通常说的具有职业健康检查资质。用人单位可在当地安全生产监督管理部门和卫生计生机构的网站上查到可以开展职业健康检查机构的信息，或者通过服务热线查询。

选择职业健康检查机构时，还要注意该机构批准的职业健康检查类别和项目范围是否可以满足本单位职业健康检查的需求。有些职业健康检查机构可以为用人单位提供上门服务，但该机构只可以在其执业登记机关管辖区域内开展外出职业健康检查。

（5）职业健康检查周期

《职业健康监护技术规范》（GBZ 188）对职业健康检查项目与周期有明确规定：

1）上岗前职业健康检查为强制性职业健康检查，应在开始从事接触职业病危害作业前完成。

2）在岗期间定期职业健康检查，其周期根据不同职业病危害因素的性质、工作场所有害因素的浓度或强度、目标疾病的潜伏期和防护措施等因素决定。《职业健康监护技术规范》（GBZ 188）对接触 57 类有害化学因素、5 类粉尘、6 类物理因素、2 类有害生物因素及 9 类特殊作业的职业健康检查周期均做出明确的规定。

3）离岗时职业健康检查：劳动者在准备调离或脱离所从事的

职业病危害的工作或岗位前，应进行离岗时的职业健康检查。如最后一次在岗期间的职业健康检查在离岗前的90天内，则可视为离岗时职业健康检查。

（6）职业健康检查程序

1）职业健康检查机构与用人单位签订委托协议书，由用人单位统一组织劳动者进行职业健康检查，也可以由劳动者持单位介绍信进行职业健康检查。

2）职业健康检查机构应当依据相关技术规范，结合用人单位提交的资料，明确用人单位应当检查的项目和周期。

3）在职业健康检查中，用人单位应当如实提供以下职业健康检查所需的相关资料，并承担检查费用：

①用人单位的基本情况。

②工作场所职业病危害因素种类及其接触人员名册、岗位（或工种）、接触时间。

③工作场所职业病危害因素定期检测等相关资料。

4）职业健康检查的项目、周期按照《职业健康监护技术规范》（GBZ 188）执行，放射工作人员职业健康检查按照《放射工作人员职业健康监护技术规范》（GBZ 235）等规定执行。

5）职业健康检查机构应当在职业健康检查结束之日起30个工作日内将职业健康检查结果，包括劳动者个人职业健康检查报告和用人单位职业健康检查总结报告，书面告知用人单位。用人单位应当将劳动者个人职业健康检查结果及职业健康检查机构的建议等情况书面告知劳动者。

6）职业健康检查机构发现疑似职业病病人时，应当告知劳动者本人并及时通知用人单位，同时向所在地卫生计生行政部门和安

全生产监督管理部门报告；发现职业禁忌的，应当及时告知用人单位和劳动者。

（7）用人单位应提供的资料

1）用人单位的基本情况。

2）工作场所职业病危害因素种类及其接触人员名册、岗位（或工种）、接触时间。

3）工作场所职业病危害因素定期检测等相关资料。

18. 急性职业病危害事故处置

（1）急性职业病危害事故

急性职业病危害事故，是指存在于工作场所的由于某种意外原因，如违反操作规程、设备失修等，对劳动者造成的突发的职业损伤，如毒气泄漏引起的急性中毒等。

一次急性职业病危害事故受伤 10 人及以上或者死亡 1 人及以上的，属于重大职业病危害事故。

（2）用人单位对急性职业病危害事故的处理责任

按照《职业病防治法》有关规定，发生或可能发生急性职业病危害事故时，用人单位必须履行应急救援、控制事故、及时报告的义务，并承担相应的责任。急性职业病危害事故还存在原因调查、医疗抢救、社会救援、善后处理和监督执法等问题，用人单位应当在 2 小时内向安全生产监管部门和卫生行政部门报告。

（3）急性职业病危害事故应急处置预案

根据《职业病防治法》的规定，用人单位应当建立、健全职业病危害事故应急救援预案。应急救援预案应当包括救援组织、机构和人员的职责，应急措施，人员撤离路线和疏散方法，财产保护对策，事故报告途径和方式，预警设施，应急防护用品及使用指南，医疗救护等内容。

（4）应急处置设备设施的准备

根据《职业病防治法》的有关规定，对职业病防护设备、应急救援设施和个人使用的职业病防护用品，用人单位应当进行经常性的维护、检修，定期检测其性能和效果，确保其处于正常状态，不得擅自拆除或者停止使用。同时应建立相应的管理制度，责任到位，有人负责，保证应急救援设施能正常运转。

应急救援设施要保证完好，存放在车间内或临近车间处，一旦发生事故，应保证在10秒内能够获取。应急救援设施存放处应有醒目的警示标识，确保劳动者知晓，使劳动者掌握急救用品的使用方法。具体的应急救援设施包括：

1）可能发生急性职业损害的有毒、有害工作场所，设置报警装置。

2）可能发生急性职业损害的有毒、有害工作场所，应配置现场急救用品。现场急救用品包括发生事故时个人使用的职业病防护用品，以及对被救者施救所需的急救用品。

3）可能发生急性职业损害的有毒、有害工作场所，要配制冲洗设备。

4）可能发生急性职业损害的有毒、有害工作场所，要配置应急撤离通道。

5）可能发生急性职业损害的有毒、有害工作场所，要配置必要的泄险区。

19. 女职工劳动保护特别规定

（1）对女职工进行特别保护的原因

女性生理特点和生育功能与男性生理结构和生理特点不同，特别是孕期、哺乳期的妇女，由于处在特殊的生理状态，从事特定职业或者接触特定职业病危害因素时，比一般职业人群更易于遭受职业病危害，有些职业病危害因素甚至可能通过母体的血液、乳汁进入胎儿或婴儿体内，对胎儿或婴儿造成损害，导致流产、畸胎、先天缺陷以及影响发育、成长等。因此，女职工需要予以特殊保护。

《职业病防治法》明确规定，用人单位不得安排孕期、哺乳期的女职工从事对本人和胎儿、婴儿有危害的工作。《女职工劳动保护特别规定》对孕期、哺乳期妇女不得从事的工作有明确的界定范围。

（2）工作场所中对女职工敏感的危害因素

工作场所中许多职业病危害因素会对女性生殖功能及胎儿发育有直接或间接的不良影响，如苯、甲苯、二甲苯、铅、汞、二硫化碳、甲醛、己内酰胺、氯乙烯、苯胺、氯、氰化物、氯丁二烯、噪声、高温、振动和高频电磁场等。

女职工为什么不宜从事接触这些有害因素的工作？这是由女性特定的生殖功能决定的。

1）女性的生殖功能包括月经、妊娠、分娩、哺乳等，长期接触有害因素可影响其生殖功能。例如，接触某些有毒化学物质可引起月经异常及受孕能力降低；妊娠期（特别是孕早期）接触某些有害因素可导致自然流产、胎儿发育异常（出生缺陷）、胎儿宫内发育迟缓（出生后为低体重儿）或早产等不良妊娠结局，还可导致妊娠并发症（如妊娠高血压综合征、妊娠剧吐等）的发病率增加。

2）妊娠时为适应胎儿生长发育的需要，母体的生理机能发生一系列的变化，身体各个器官的负担加大，因而对某些有害因素，特别是某些毒物的吸收量增加、敏感性增高，致使对某些毒物的中毒，特别是急性中毒的危险性增高，故孕期应禁忌接触。

3）母亲接触的某些有毒化学物质可通过乳汁传递给乳儿，影响乳儿健康，例如，接触高浓度铅的女职工乳汁含铅量增高，通过哺乳将铅传递给乳儿，从而引起小儿铅中毒。

（3）女职工特别劳动保护相关内容

为了减少和解决女职工在劳动中因生理特点造成的特殊困难，保护女职工健康，《女职工劳动保护特别规定》分别提出了女职工在经期、孕期、哺乳期劳动保护特别规定。如：

1）用人单位应当遵守《女职工禁忌从事的劳动范围》的规定，并将本单位属于女职工禁忌从事的劳动范围的岗位书面告知女职工。

2）用人单位不得因女职工怀孕、生育、哺乳降低其工资、予以辞退、与其解除劳动或者聘用合同。

3）女职工在孕期不能适应原劳动的，用人单位应当根据医疗机构的证明，予以减轻劳动量或者安排其他能够适应的劳动。

对怀孕 7 个月以上的女职工，用人单位不得延长劳动时间或者安排夜班劳动，并应当在劳动时间内安排一定的休息时间。

怀孕女职工在劳动时间内进行产前检查，所需时间计入劳动时间。

4）女职工生育享受 98 天产假，其中产前可以休假 15 天；难产的，增加产假 15 天；生育多胞胎的，每多生育 1 个婴儿，增加

产假 15 天。

女职工怀孕未满 4 个月流产的，享受 15 天产假；怀孕满 4 个月流产的，享受 42 天产假。

5）女职工产假期间的生育津贴，已经参加生育保险的，按照用人单位上年度劳动者月平均工资的标准由生育保险基金支付；未参加生育保险的，按照女职工产假前工资的标准由用人单位支付。

女职工生育或者流产的医疗费用，按照生育保险规定的项目和标准执行。已经参加生育保险的，由生育保险基金支付；未参加生育保险的，由用人单位支付。

6）对哺乳未满 1 周岁婴儿的女职工，用人单位不得延长劳动时间或者安排夜班劳动。

用人单位应当在每天的劳动时间内为哺乳期女职工安排 1 小时哺乳时间；女职工生育多胞胎的，每多哺乳 1 个婴儿，每天增加 1 小时哺乳时间。

7）女职工比较多的用人单位应当根据女职工的需要，建立女职工卫生室、孕妇休息室、哺乳室等设施，妥善解决女职工在生理卫生、哺乳方面的困难。

8）在劳动场所，用人单位应当预防和制止对女职工的性骚扰。

（4）女职工禁忌从事的劳动范围

1）矿山井下作业。

2）体力劳动强度分级标准中规定的第四级体力劳动强度的工作。第四级体力劳动强度是指劳动强度指数>25 的工作，相当于“很重”的劳动强度，如大强度的挖掘、搬运，快到极限节律的极强活动。

3）每小时负重 6 次以上、每次负重超过 20 kg 的工作，或者间断负重、每次负重超过 25 kg 的工作。

（5）女职工在经期禁忌从事的劳动范围

1）冷水作业分级标准中规定的第二级、第三级、第四级冷水工作。

2）低温作业分级标准中规定的第二级、第三级、第四级低温工作。

3）体力劳动强度分级标准中规定的第三级、第四级体力劳动强度的作业。

4）高处作业分级标准中规定的第三级、第四级高处作业。

（6）女职工在孕期禁忌从事的劳动范围

1）工作场所空气中铅及其化合物、汞及其化合物、苯、镉、铍、砷、氰化物、氮氧化物、一氧化碳、二硫化碳、氯、己内酰胺、氯丁二烯、氯乙烯、环氧乙烷、苯胺、甲醛等有毒物质浓度超过国家职业卫生标准的工作。

2）从事抗癌药物、己烯雌酚生产，接触麻醉剂气体等的工作。

3）非密封源放射性物质的操作，核事故与放射事故的应急处置。

4）高处作业分级标准中规定的高处作业。

5）冷水作业分级标准中规定的冷水作业。

6）低温作业分级标准中规定的低温作业。

7）高温作业分级标准中规定的第三级、第四级的作业。

8）噪声作业分级标准中规定的第三级、第四级的作业。

9）体力劳动强度分级标准中规定的第三级、第四级体力劳动强度的作业。

10）在密闭空间、高压室工作或者潜水作业，伴有强烈振动的作业，或者需要频繁弯腰、攀高、下蹲的作业。

（7）女职工在哺乳期禁忌从事的劳动范围

1）女职工孕期禁忌从事的劳动范围的第 1）项、第 3）项、第 9）项。

2）工作场所空气中锰、氟、溴、甲醇、有机磷化合物、有机氯化合物等有毒物质浓度超过国家职业卫生标准的作业。

20. 警示标识和警示说明

《工作场所职业病危害警示标识》（GBZ 158）中规定的警示标识是一套可以使劳动者对职业病危害产生警觉并采取相应防护措施的图形标识，旨在通过简洁明了的图形让劳动者快速地识别工作场所存在的职业病危害，避免在无意识、无保护的情况下，误入危险场所、误用危险设备或产品，为劳动者提供一个安全健康的工作环境。它适用于所有可能产生职业病危害的工作场所、设备、产品包装、储存场所及事故现场。

（1）警示标识的分类

警示标识是《工作场所职业病危害警示标识》（GBZ 158）的重要内容，它分为图形标识、警示线、警示语句和有毒物品工作岗位职业病危害告知卡 4 个部分，各部分既可单独使用，也可以组合使用。

1）图形标识

图形标识是对劳动者传达禁止、警告、指令和提示的一组简洁明了、通俗易懂的图形，分为禁止标识、警告标识、指令标识和提示标识 4 类，共 25 种。

①禁止标识：禁止不安全行为的图形，共有 3 种，如“禁止入内”标识。

②警告标识：提醒注意周围环境，以避免可能发生危险的图形，共有 9 种，如“当心中毒”标识。

③指令标识：强制做出某种动作或采用防范措施的图形，共有 8 种，如“戴防毒面具”标识。

④提示标识：提供相关安全信息的图形，共有 5 种，如“救援电话”标识。具体图形标识如图 4—1 所示。

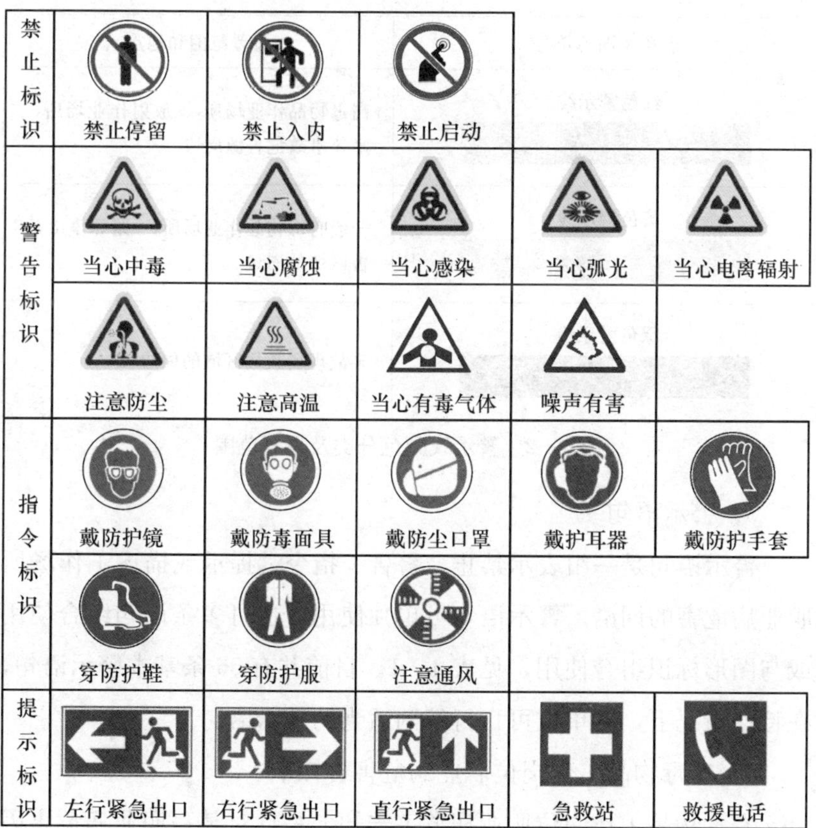

图 4—1　工作场所职业病危害警示标识

2）警示线

警示线是界定和分隔危险区域的标识线。根据不同的危害和控制要求，警示线分为红色、黄色和绿色 3 种，可喷涂在地面或制成色带。警示线颜色分类及设置范围如图 4—2 所示。

①红色：将严重危害源与其他区域分隔开来。

②黄色：将一般危害源与其他区域分隔开来。

③绿色：将救援人员与公众隔离开来。

名称及图形符号	设置范围和地点
红色警示线	高毒物品作业场所、 放射作业场所、紧邻事故危害源周边
黄色警示线	一般有毒物品作业场所、 紧邻事故危害区域的周边
绿色警示线	事故现场救援区域的周边

图 4—2　警示线颜色分类及设置范围

3）警示语句

警示语句是一组表示禁止、警告、指令、提示或描述工作场所职业病危害的词语。警示语句可单独使用，也可多条语句组合使用或与图形标识组合使用，见表 4—1。目前共有 56 条基本警示语句，在特殊情况下，各单位可自行编制适当的警示语句。

4）有毒物品工作岗位职业病危害告知卡

有毒物品工作岗位职业病危害告知卡是针对某一职业病危害因素告知劳动者危害后果及其防护措施的提示卡，将工作岗位上所接触到的有毒物品的危害性告知劳动者，并提醒劳动者采取相应的预

表4—1　　警示语句示例

编号	语句内容	编号	语句内容
1	禁止入内	29	刺激皮肤
2	禁止停留	30	腐蚀性
3	禁止启动	31	遇湿具有腐蚀性
4	当心中毒	32	窒息性
5	当心腐蚀	33	剧毒
6	当心感染	34	高毒
7	当心弧光	35	有毒
8	当心辐射	36	有毒有害
9	注意防尘	37	遇湿分解放出有毒气体
10	注意高温	38	当心有毒气体
11	有毒气体	39	接触可引起伤害
12	噪声有害	40	皮肤接触可对健康产生危害
13	戴防护镜	41	对健康有害
14	戴防毒面具	42	接触可引起伤害和死亡
15	戴防尘口罩	43	麻醉作用
16	戴护听器	44	当心眼损伤
17	戴防护手套	45	当心灼伤
18	穿防护鞋	46	强氧化性
19	穿防护服	47	当心中暑
20	注意通风	48	佩戴呼吸防护器
21	左行紧急出口	49	戴防护面具
22	右行紧急出口	50	戴防溅面具
23	直行紧急出口	51	佩戴射线防护用品
24	急救站	52	未经许可，不许入内
25	救援电话	53	不得靠近
26	刺激眼睛	54	不得越过此线
27	遇湿具有刺激性	55	泄险区
28	刺激性	56	不得触摸

防和处理措施。其内容包括通用提示栏、有毒物品名称、健康危害、警告标识、应急处理、指令标识、理化特性、救援电话和职业卫生咨询电话，如图 4—3 所示。

有毒物品，对人体有害，请注意防护		
苯 Benzene	健康危害	理化特性
	可吸入、经口和皮肤进入人体，大剂量会致人死亡；高浓度会引起嗜睡、眩晕、头痛、心跳加快、震颤、意识障碍和昏迷等，经口还会引起恶心、胃肠刺激和痉挛等；长期接触会引起贫血，易出血，易感染，严重时会引起白血病和造血器官癌症	不溶于水：遇热、明火易燃烧、爆炸
当心中毒	应急处理	
	急性中毒：立即脱离现场至空气新鲜处，脱去污染的衣物，用肥皂水或清水冲洗污染的皮肤 立即与医疗急救单位联系	
	注意防护	
急救电话：120	职业卫生咨询电话：××× ××××××××	

图 4—3　有毒物品工作岗位职业病危害告知卡示例

（2）警示标识的适用范围

警示标识适用于所有可能产生职业病危害的工作场所、设备、产品包装、储存场所和事故现场。《工作场所职业病危害警示标识》（GBZ 158）中规定：警示标识应设在醒目位置，不能设在门、窗等可移动的物体上，其前面不得放置妨碍阅读的障碍物，该位置应具有良好的照明条件，并保证在一定距离和适当方位能清晰注意它所表示的内容。

警示标识分类细、种类多，适用的工作场所和使用方法也不尽相同，具体要求如下：

1）使用有毒物品的工作场所

①在工作场所的入口和显著位置，根据需要设置相应的警示标识。

②在使用高毒物品（参见《高毒物品目录》）工作岗位醒目位置设置告知卡。

③在高毒物品工作场所设置红色警示线，在一般有毒物品工作场所设置黄色警示线。

④在高毒物品工作场所应急撤离通道设置紧急出口提示标识；泄险区启用时，设置相应警示标识和必要的警示语句。

⑤在可产生职业病危害的设备发生故障时，或维护、检修存在有毒物品的生产装置时，根据现场实际情况设置相应的警示标识和必要的警示语句。

2）其他职业病危害的工作场所

在可能产生粉尘、职业性灼伤和腐蚀、噪声、高温、电光性眼炎，生物性、放射性和列入法律法规的其他职业病危害（参见《职业病危害因素分类目录》）的工作场所设置相应的警示标识。

3）设备

对于可能产生职业病危害的设备，在设备上或其前方醒目位置设置相应的警示标识。

4）产品包装

对于可能产生职业病危害的产品，在其产品包装的醒目位置设置相应的警示标识和简明中文警示说明，说明产品特性、存在的有害因素、可能产生的危害后果、安全使用注意事项及应急救治措施。

5）储存场所

对于储存可能产生职业病危害的材料的场所，在其入口处和存放处设置相应的警示标识及简明中文警示说明。

6）事故现场

在职业病危害事故现场，根据实际情况设置相应的临时警示线，划分出不同功能区。

21. 个体防护装备使用与管理

（1）个体防护装备的概念和范围

1）个体防护装备与个人使用的职业病防护用品

个体防护装备，是指从业人员为防御物理、化学、生物等外界因素伤害所穿戴、配备和使用的劳动防护用品的总称，也称劳动防护用品，包括使劳动者免遭或减轻事故（安全防护）和职业病危害因素（健康防护）伤害两部分内容。

个人使用的职业病防护用品，是指劳动者在职业活动中个人随身穿（佩）戴的特殊用品，这些用品能消除或减轻职业病危害因素对劳动者健康的影响。

2）个体防护装备分类

个体防护装备按照防护部位分为头部防护用品、呼吸防护用品、眼面部防护用品、听力防护用品、手部防护用品、足部防护用品、躯干防护用品、护肤用品、防坠落防护用品、其他劳动防护用品10类。

个人使用的职业病防护用品主要有呼吸器官防护用品，眼、面部防护用品，听觉器官防护用品，皮肤防护用品，其他用品5类。

3）使用个体防护装备的情形

用人单位在控制职业病危害因素对劳动者影响时，应该首先采用工程防护措施，从源头上进行控制。当工作场所无法进行技术改进，职业卫生技术措施又不能消除、降低生产劳动过程中的危险及有害因素的风险，达不到国家标准、行业标准及有关规定时，为完成生产劳动任务，保障劳动者的职业安全健康，必须采取个体防护手段，即合理配置使用个体防护装备。个体防护装备是保护劳动者不受职业危害的最后一道防线。

（2）个体防护装备选用规范

1）个体防护装备选用主要依据

选用时应按照《个体防护装备选用规范》（GB/T 11651）执行，必要时参照《劳动防护用品配备标准（试行）》（国经贸安全〔2000〕189 号）。

2）个体防护装备选用原则

①识别工作环境中的主要危险特征。根据工作环境中主要危险特征及工作条件特点分为 39 种工作类别，《个体防护装备选用规范》（GB/T 11651）中已经列出，实际工作中涉及多项工作特征的，为综合性工作。

②确定个体防护装备的防护性能。根据防护性能将个体防护装备划分为 72 类，《个体防护装备选用规范》（GB/T 11651）中已经列出。

③个体防护装备的选用。根据工作类别选择可以或建议佩戴的个体防护装备；综合性工作需要根据工作特点选择多功能防护装备；在选择各种个体防护装备时，除《个体防护装备选用规范》（GB/T 11651）外，还应参照《劳动防护用品配备标准（试行）》的选用规范，遵守国家相应的法规要求，并根据实际工作情况选择。

3）个体防护装备选用程序

首先，识别工作环境中危险和有害因素，并确定这种危险和有害因素可以对劳动者造成伤害；其次，确认这种伤害是否需要佩戴个体防护装备，然后根据工作类别选择个体防护装备；第三，检查佩戴的个体防护装备是否正确，如判废，则需要重新选择。个体防护装备选用程序如图 4—4 所示。

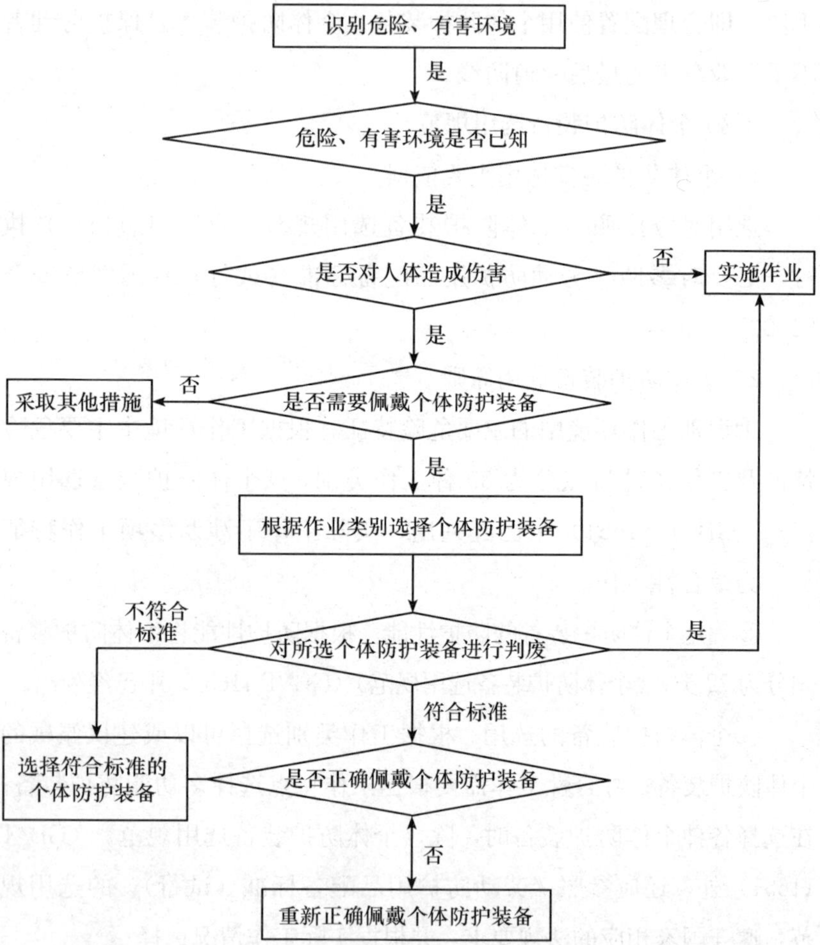

识别危险、有害环境
是
危险、有害环境是否已知
是
是否对人体造成伤害
否
实施作业
是
是否需要佩戴个体防护装备
否
采取其他措施
是
根据作业类别选择个体防护装备
对所选个体防护装备进行判废
是
不符合标准
选择符合标准的个体防护装备
符合标准
是否正确佩戴个体防护装备
否
重新正确佩戴个体防护装备

图 4—4　个体防护装备选用程序

4）个人使用的职业病防护用品选用标准

根据《个体防护装备选用规范》（GB/T 11651）“表3 个体防护装备的选用标准”，选择可以使用或建议使用的防护用品，选用标准见表4—2。

表4—2 个体防护装备选用标准

作业类别		可以使用的防护用品	建议使用的防护用品
编号	类别名称		
A01	存在物体坠落、撞击的作业	B02 安全帽 B39 防砸鞋（靴） B41 防刺穿鞋 B68 安全网	B40 防滑鞋
A02	有碎屑飞溅的作业	B02 安全帽 B10 防冲击护目镜 B46 一般防护服	B30 防机械伤害手套
A03	操作转动机械作业	B01 工作帽 B10 防冲击护目镜 B71 其他零星防护用品	
A04	接触锋利器具作业	B30 防机械伤害手套 B46 一般防护服	B02 安全帽 B39 防砸鞋（靴） B41 防刺穿鞋
A05	地面存在尖利器物的作业	B41 防刺穿鞋	B02 安全帽
A06	手持振动机械作业	B18 耳塞 B19 耳罩 B29 防振手套	B38 防振鞋
A07	人承受全身振动的作业	B38 防振鞋	

续表

作业类别		可以使用的防护用品	建议使用的防护用品
编号	类别名称		
A08	铲、装、吊、推机械操作作业	B02 安全帽 B46 一般防护服	B05 防尘口罩（防颗粒物呼吸器） B10 防冲击护目镜
A09	低压带电作业（1 kV 以下）	B31 绝缘手套 B42 绝缘鞋 B64 绝缘服	B02 安全帽（带电绝缘性能） B10 防冲击护目镜
A10	高压带电作业：在 1 kV～10 kV 带电设备上进行作业时	B02 安全帽（带电绝缘性能） B31 绝缘手套 B42 绝缘鞋 B64 绝缘服	B10 防冲击护目镜 B63 带电作业屏蔽服 B65 防电弧服
	高压带电作业：在 10 kV～500 kV 带电设备上进行作业时	B63 带电作业屏蔽服	B13 防强光、紫外线、红外线护目镜或面罩
A11	高温作业	B02 安全帽 B13 防强光、紫外线、红外线护目镜或面罩 B34 隔热阻燃鞋 B56 白帆布类隔热服 B58 热防护服	B57 镀反射膜类隔热服 B71 其他零星防护用品
A12	易燃易爆场所作业	B23 防静电手套 B35 防静电鞋 B52 化学品防护服 B53 阻燃防护服 B54 防静电服 B66 棉布工作服	B05 防尘口罩（防颗粒物呼吸器） B06 防毒面具 B47 防尘服

续表

作业类别		可以使用的防护用品	建议使用的防护用品
编号	类别名称		
A13	可燃性粉尘场所作业	B05 防尘口罩（防颗粒物呼吸器） B23 防静电手套 B35 防静电鞋 B54 防静电服 B66 棉布工作服	B47 防尘服 B53 阻燃防护服
A14	高处作业	B02 安全帽 B67 安全带 B68 安全网	B40 防滑鞋
A15	井下作业	B02 安全帽 B05 防尘口罩（防颗粒物呼吸器） B06 防毒面具 B08 自救器 B18 耳塞 B23 防静电手套 B29 防振手套 B32 防水胶靴 B39 防砸鞋（靴） B40 防滑鞋 B44 矿工靴 B48 防水服 B53 阻燃防护服	B19 耳罩 B41 防刺穿鞋
A16	地下作业		
A17	水上作业	B32 防水胶靴 B49 水上作业服 B62 救生衣（圈）	B48 防水服
A18	潜水作业	B50 潜水服	

续表

作业类别		可以使用的防护用品	建议使用的防护用品
编号	类别名称		
A19	吸入性气相毒物作业	B06 防毒面具 B21 防化学品手套 B52 化学品防护服	B69 劳动护肤剂
A20	密闭场所作业	B06 防毒面具（供气或携气） B21 防化学品手套 B52 化学品防护服	B07 空气呼吸器 B69 劳动护肤剂
A21	吸入性气溶胶毒物作业	B01 工作帽 B06 防毒面具 B21 防化学品手套 B52 化学品防护服	B05 防尘口罩（防颗粒物呼吸器） B69 劳动护肤剂
A22	沾染性毒物作业	B01 工作帽 B06 防毒面具 B16 防腐蚀液护目镜 B21 防化学品手套 B52 化学品防护服	B05 防尘口罩（防颗粒物呼吸器） B69 劳动护肤剂
A23	生物性毒物作业	B01 工作帽 B05 防尘口罩（防颗粒物呼吸器） B16 防腐蚀液护目镜 B22 防微生物手套 B52 化学品防护服	B69 劳动护肤剂
A24	噪声作业	B18 耳塞	B19 耳罩

在实际工作中，工作场所往往是多种职业病危害因素并存，因此，在选择个体防护装备时，要依据综合性作业特征进行选择。如手工电弧焊作业，工作过程中可产生金属烟尘、有毒气体、电弧光辐射等多种职业病危害因素，因此，选择的个体防护装备也是综合性的，眼、面部选择焊接面罩，清除焊渣选择防冲击护目镜，呼吸系统选择防尘＋防毒口罩，躯体及四肢选择焊接手套、焊接防护鞋、焊接防护服、白帆布类隔热服及耳塞、耳罩、披肩帽等，还可以根据《个体防护装备配备基本要求》（GB/T 29510）、《护听器的选择指南》（GB/T 23466）等标准进行更细致的选择。

5）个体防护装备判废原则

当出现下列情况之一时，即予判废：

①所选用的个体防护装备技术指标不符合国家相关标准或行业标准。

②所选用的个体防护装备与所从事的作业类型不匹配。

③个体防护装备产品标识不符合产品要求或国家法律法规的要求。

④个体防护装备在使用或保管储存期内遭到破损或超过有效使用期。

⑤所选用的个体防护装备经定期检验和抽查为不合格。

⑥当发生使用说明中规定的其他报废条件时。

个体防护装备判废程序如图 4—5 所示。

6）个体防护装备使用期限的规定

任何一种个体防护装备均有使用期限，或者是使用寿命到期（如呼吸防护器的过滤装置），或者是使用不当损坏，因此，工作过程中除了按照标注的说明执行使用期限外，还要注意观察腐蚀程度、受损耗情况和耐用性能。个体防护装备使用期限见表 4—3。

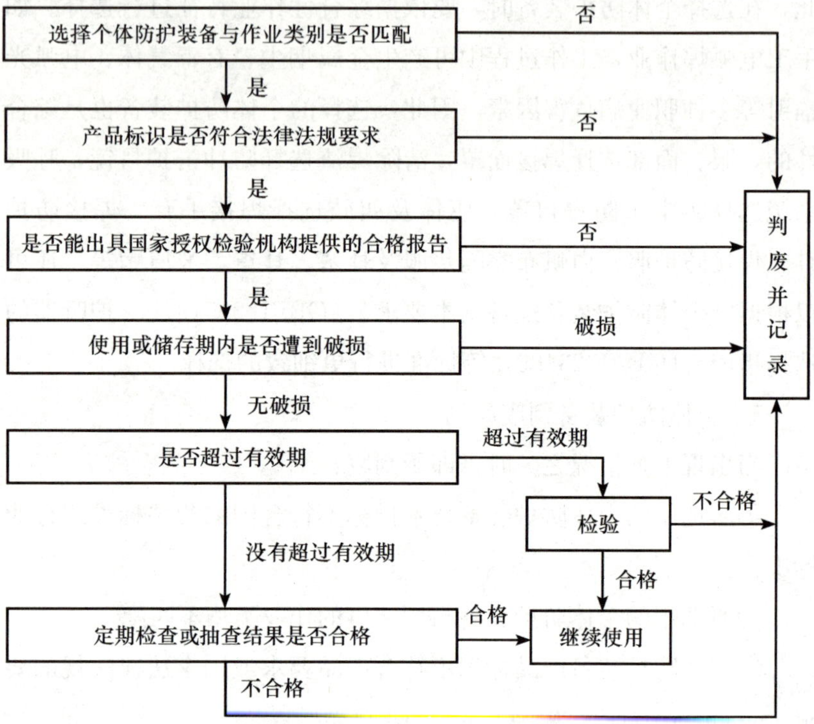

选择个体防护装备与作业类别是否匹配 —否→ 判废并记录

是

产品标识是否符合法律法规要求 —否→ 判废并记录

是

是否能出具国家授权检验机构提供的合格报告 —否→ 判废并记录

是

使用或储存期内是否遭到破损 —破损→ 判废并记录

无破损

是否超过有效期 —超过有效期→ 检验

检验 —不合格→ 判废并记录

检验 —合格→ 继续使用

没有超过有效期

定期检查或抽查结果是否合格 —合格→ 继续使用

定期检查或抽查结果是否合格 —不合格→ 判废并记录

图 4—5　个体防护装备判废程序

表 4—3 个体防护装备使用期限

作业类别	典型工种	一般个体防护装备								特种个体防护装备																								其他
		普通防护服	普通工作帽	普通工作鞋	劳动防护手套	防寒服	雨衣	胶靴	耳塞耳罩	安全鞋	防刺穿鞋	电绝缘鞋	防静电鞋	耐酸碱皮鞋	耐酸碱胶鞋	胶面防砸安全靴	防静电工作服	防酸工作服	阻燃防护服	绝缘服	防电弧服	带电作业屏蔽服	安全带	平网	密目式安全立网	安全帽	焊接面罩	防冲击护目镜	防尘口罩	过滤式防毒面具	空气呼吸器	自救器	太阳镜	
存在物体坠落撞击的作业	砌筑工	18	24		*n*	36	36			12	12					18										18			*n*					
有碎屑飞溅的作业	钳工	24	24		*n*	48				12	12															*n*		*n*						
	木工	18	18		*n*	36	*n*			12	12					*n*										18		*n*	*n*					
操作转动机械作业	挡车工	24	12	18					*n*																			*n*						
	车工	24	24							12	12																	*n*						
	绕线工	18	18		*n*					12	12																	*n*						
	中小型机械操作工	18	18		*n*	36	36			12						36												*n*						
	石棉纺织工	30	24	*n*	*n*	*n*		36																				*n*	*n*					

续表

作业类别	典型工种	一般个体防护装备								特种个体防护装备																								其他
		普通防护服	普通工作帽	普通工作鞋	劳动防护手套	防寒服	雨衣	胶靴	耳塞耳罩	安全鞋	防刺穿鞋	电绝缘鞋	防静电鞋	耐酸碱皮鞋	耐酸碱胶鞋	胶面防砸安全靴	防静电工作服	防酸工作服	阻燃防护服	绝缘服	防电弧服	带电作业屏蔽服	安全带	平网	密目式安全立网	安全帽	焊接面罩	防冲击护目镜	防尘口罩	过滤式防毒面具	空气呼吸器	自救器	太阳镜	
接触使用锋利器具作业	玻璃切裁工	18	18			36				12	12																	n	n					防机械伤害手套 n
	带锯工	18	18			48	3			12	12					n												n	n					防机械伤害手套 n
	皮鞋划裁工	24	24	n	n																													

续表

作业类别	典型工种	一般个体防护装备								特种个体防护装备																								其他
		普通防护服	普通工作帽	普通工作鞋	劳动防护手套	防寒服	雨衣	胶靴	耳塞耳罩	安全鞋	防刺穿鞋	电绝缘鞋	防静电鞋	耐酸碱皮鞋	耐酸碱胶鞋	胶面防砸安全靴	防静电工作服	防酸工作服	阻燃防护服	绝缘服	防电弧服	带电作业屏蔽服	安全带	平网	密目式安全立网	安全帽	焊接面罩	防冲击护目镜	防尘口罩	过滤式防毒面具	空气呼吸器	自救器	太阳镜	
地面存在尖利器物的作业	拉丝工	18	18		n	48				12	12															24		n						

注：1. 表中提供的具体时间是最低要求，其中 n 代表使用年限，可以由企业在产品说明书标注的使用期限内决定。

2. 企业可根据实际情况，参照《个体防护装备选用规范》(GB/T 11651—2008) 7.1 进行判废。

3. 企业可根据防护用品的使用条件选择产品的耐用性、使用强度，结合自身经济条件建立企业内部的更换、报废条件和期限，但不能超过产品说明书标注的使用年限。

22. 常见呼吸防护用品的种类和特点

（1）呼吸防护用品的分类

按防护原理分类，主要分为过滤式和隔绝式两大类。

1）过滤式呼吸防护用品，是依据过滤、吸收的原理，利用过滤材料滤除空气中的有毒、有害物质，将受污染空气转变为清洁空气供人员呼吸的一类呼吸防护用品，如防尘口罩、防毒口罩、过滤式防毒面具、动力送风式呼吸器。

2）隔绝式呼吸防护用品，是依据隔绝的原理，使人员呼吸器官、眼睛和面部与外界受污染空气隔绝，依靠自身携带的气源或靠导气管引入受污染环境以外的洁净空气为气源供气，保障人员正常呼吸的呼吸防护用品，也称为隔绝式防毒面具，如储气式防毒面具、长管呼吸器等。

过滤式呼吸防护用品的使用要受环境的限制，当环境中存在着过滤材料不能滤除的有毒有害物质，或氧含量低于19.5%，或有毒物质浓度较高（>1%）时，均不能使用。这种环境下应使用隔绝式呼吸防护用品。

（2）常见呼吸防护用品特点

1）过滤式呼吸防护用品

①防尘口罩，主要是以纱布、无纺布、超细纤维材料等为核心过滤材料制作的过滤式呼吸防护用品，用于滤除空气中的颗粒状有毒、有害物质。其中，不含超细纤维材料的普通防尘口罩只有防护较大颗粒灰尘的作用，一般经清洗、消毒后可重复使用；含超细纤维材料的防尘口罩除可以过滤较大颗粒灰尘外，还可以过滤粒径更

小的各种有毒、有害气溶胶，防护能力和防护效果均优于普通防尘口罩；一般不可重复使用，多为一次性产品，或需定期更换滤棉。防尘口罩适用的环境特点是：污染物仅为非发挥性的颗粒状物质，不含有毒、有害气体和蒸气。防尘口罩包括随弃式防尘口罩（也称“一次性防尘口罩”）、半面罩口罩（也称“防尘面罩”“防尘面具”）、全面罩口罩（也称“防尘全面罩”）。

②防毒口罩，以超细纤维材料和活性炭、活性炭纤维等吸附材料为核心过滤材料制作的过滤式呼吸防护用品，其中，超细纤维材料用于滤除空气中的颗粒状物质（包括有毒有害气溶胶），活性炭、活性炭纤维等吸附材料用于滤除有毒有害蒸气和气体。与防尘口罩相比，防毒口罩既能去除空气中的大颗粒灰尘、气溶胶，同时对有毒有害气体和蒸气也具有一定的过滤作用。防毒口罩适用的环境特点是：工作场所中含有较低浓度的有毒有害蒸气、气体，同时可能含有有毒有害物质的颗粒（包括气溶胶）。防毒口罩的形式主要为半面式，此外也有口罩式。

③过滤式防毒面具，以超细纤维材料和活性炭、活性炭纤维等吸附材料为核心过滤材料制作的过滤式呼吸防护用品，主要包括面罩和过滤部件（包括滤毒罐、滤毒盒等）两部分。根据面罩与过滤部件的连接方式，分为直接式防毒面具（面罩与过滤部件直接相连）和导气管式防毒面具（面罩与过滤部件通过导气管连接）。与防毒口罩相比，过滤式防毒面具滤除有毒有害气体、蒸气浓度范围更大，防护时间更长，更安全可靠。另外，从保护部位考虑，过滤式防毒面具除可以保护口、鼻外，还可以保护眼睛及面部皮肤，且通常密合效果更好，具有更高和更全面的防护效能。过滤式防毒面具主要适用于化学工业、石油工业、矿山、仓库、海港等。

④动力送风式呼吸器，主要是采用动力送风与气体过滤相结合的原理为使用者提供气源。动力送风的优点是可降低呼吸阻力，同时可以在面罩内形成一定的正压，提高使用的舒适性及防护的安全性。儿童面具、伤员面具及在高原上使用的面具一般都属于这类面具。动力送风式呼吸器主要应用于喷气式清扫作业、喷农药作业、造船厂焊接作业、金属材料研磨作业等。

2）隔绝式呼吸防护用品

①空气呼吸器，又称储气式防毒面具，有时也称为消防面具，以盛装压缩空气的钢瓶为气源，空气经导气管进入面罩供人员呼吸。由于空气呼吸器的防护时间有限，因此不能在常规作业时使用，主要用于有害物质泄漏、烟雾、缺氧等恶劣作业环境。

②长管呼吸器，最突出的特点是具有较长的导气管（50～90 m)，可与移动供气源、移动气净化站等配合使用，主要采用压缩空气钢瓶作为气源，也有的采用过滤空气为气源。长管呼吸器特别适合在大范围的化学、生化及工业污染环境中连续长时间作业使用，典型的应用环境包括消除石棉及其他有害材料、核处理和核清除等作业。

23. 常见呼吸防护用品过滤元件分类和分级

（1）防颗粒物呼吸器过滤元件的分类和分级

根据《呼吸防护用品 自吸过滤式防颗粒物呼吸器》（GB 2626）的规定，防颗粒物呼吸器过滤元件按防护性能分为 KN、KP 两种类型，其中 KN 类适用于过滤非油性颗粒物，KP 类适用于过滤油性和非油性颗粒物。防颗粒物呼吸器过滤元件按对颗粒物过滤效率分为 90％、95％、99.97％3 级，过滤元件级别见表 4—4。

表4—4　　过滤元件级别

滤料分类	过滤效率90%	过滤效率95%	过滤效率99.97%
KN类	KN90	KN95	KN100
KP类	KP90	KP95	KP100

用人单位通过对工作场所职业病危害因素识别、检测、评价后，可以参考选择以下防颗粒物呼吸器过滤元件，具体见表4—5。

表4—5　　不同类型防颗粒物呼吸器过滤元件选择建议

颗粒物类型	元件分类和分级
煤尘、岩尘、棉尘	KN90～KN95
焊接烟	KN95～KN100
含油烟	KP95～KP100
沥青烟	KP100
石棉尘、重金属尘	KN95～KN100
喷漆雾、酸雾等	KN95～KN100
放射性颗粒物	KN/KP100

（2）防毒呼吸器过滤元件的标色和标记

根据《呼吸防护 自吸过滤式防毒面具》（GB 2890）的规定，防毒过滤元件按照被防护气体或蒸气的类别，有不同的标色和标记。

1）防毒呼吸器过滤元件标色

防毒呼吸器过滤元件壳体本身或包装上色带的颜色要符合标准的规定，不同标记颜色代表防的有毒物质不同。如果一个防毒呼吸器过滤元件同时可防多种气体或蒸气，则其标色要包括所有对应颜色的标色和标记；如果过滤元件同时防颗粒物，还要加一条粉色的色带。

2）防毒呼吸器过滤元件标记

过滤元件标记由过滤元件功能（P、D、Z、T）、过滤元件防护气体类型（A、B、E、K、CO、Hg、H_2S）、过滤元件防护时间级别（1级、2级、3级、4级）、综合过滤元件滤烟性能级别（P1、

P2、P3）组成。过滤元件功能、防护气体类型及标色见表 4—6。

表 4—6　　过滤元件功能、防护气体类型及标色

<table>
<tr><th colspan="3">过滤元件</th><th rowspan="2">过滤元件防护气体类型</th></tr>
<tr><th>功能</th><th>类型</th><th>标色</th></tr>
<tr><td rowspan="7">P（普通，表示单独防一类气体的过滤元件，是普通类过滤元件）</td><td>A</td><td>褐色</td><td>用于防护有机气体或蒸气，如苯、甲苯、二甲苯等</td></tr>
<tr><td>B</td><td>灰色</td><td>用于防护无机气体或蒸气，如氯气、氰化氢等</td></tr>
<tr><td>E</td><td>黄色</td><td>用于防护二氧化硫和其他酸性气体或蒸气，如二氧化硫、氯化氢、氟化氢等</td></tr>
<tr><td>K</td><td>绿色</td><td>用于防护氨及氨的有机衍生物，如氨气和甲胺</td></tr>
<tr><td>CO</td><td>白色</td><td>用于防护一氧化碳气体</td></tr>
<tr><td>Hg</td><td>红色</td><td>用于防护汞蒸气</td></tr>
<tr><td>H_2S</td><td>蓝色</td><td>用于防护硫化氢气体</td></tr>
<tr><td colspan="3">D（多功能）</td><td>表示用于上述 7 种类型中两种或两种以上类型功能的过滤元件</td></tr>
<tr><td colspan="3">Z（综合）</td><td>表示带有滤烟功能的普通过滤元件或多功能过滤元件</td></tr>
<tr><td colspan="3">T（特殊）</td><td>用于《呼吸防护 自吸过滤式防毒面具》（GB 2890—2009）中未规定的、由制造商特别指明气体或蒸气的过滤元件，如防护甲醛气体用紫色</td></tr>
</table>

过滤元件防护时间分为 4 级：1 级为一般防护时间，2 级为中等防护时间，3 级为高等防护时间，4 级为特等防护时间。在相同浓度下，4 级过滤元件防护时间通常更长些。

综合过滤元件滤烟性能：P1为一般过滤效率（95%），P2为中等过滤效率（99%），P3为高等过滤效率（99.99%），要求同时适合防油性和非油性的颗粒物。

例如：

“P-A-1”表示：P普通（防单一类型），A类（防某些有机蒸气）气体，1级（低容量）过滤元件，褐色色带。

“D-A/B-2”表示：D多功能（防一类以上气体），A、B两种类型（防某些有机蒸气和某些无机气体），2级（中等容量）过滤元件，褐色和灰色两条色带。

“Z-E-P2-1”表示：Z综合（尘毒组合），E类（防某些酸性气体），P2级（99%效率）有滤烟层（同时防颗粒物），1级（低容量）过滤元件，粉色和黄色两条色带。

24. 呼吸防护器选用基本步骤

依据《呼吸防护用品的选择、使用与维护》（GB/T 18664）的规定，呼吸防护器的选择应重点考虑呼吸危害环境的危害水平、呼吸防护器的防护能力、呼吸防护器与使用者个体相适应3方面要素。

（1）呼吸危害环境的危害水平

存在呼吸危害的环境，其危害程度分为两大类：一类是立即威胁生命和健康（IDLH）的环境，另一类是一般危害（非IDLH）环境。

1）IDLH环境

通常为不正常的生产作业环境，包括：

①呼吸危害未知的环境，如污染物种类、毒性未知的环境。

②空气污染物浓度未知的环境。

③空气污染物浓度达到 IDLH 浓度的环境。

④缺氧（O_2<19.5%）或可能缺氧的环境。

2）一般危害环境

空气中污染物浓度超过国家职业卫生标准［《工作场所有害因素职业接触限值　第 1 部分：化学有害因素》（GBZ 2.1—2007）规定了工作场所的 339 种有毒化学物质、47 种粉尘的职业接触限值］的环境，用危害因数表示危害水平的公式如下。危害因数越大，说明危害水平越高。

$$危害因数=\frac{空气污染物浓度}{国家职业卫生标准规定浓度}$$

①当空气污染物为已知物，且浓度未超过 IDLH 浓度（立即威胁生命和健康浓度）时，根据公式 4—1 计算，确定危害因数（取整数）。

②若同时存在一种以上的空气污染物，应分别计算每种空气污染物的危害因数，取数值最大的作为危害因数。

③如国家职业卫生标准限值同时有 PC-TWA（8 小时时间加权容许浓度）和 PC-STEL（短时间接触容许浓度），应对空气污染物的 C_{TWA}（8 小时时间加权检测浓度）和 C_{STEL}（短时间接触检测浓度）分别计算，取二者最大的值。

（2）根据危害程度选择呼吸防护用品

1）IDLH 环境的防护

①佩戴全面罩的携气式正压呼吸防护器（SCBA）。

②在配备适合的辅助逃生型呼吸防护用品的前提下，佩戴全面罩或送气头罩的正压供气式呼吸防护用品。

上述两种呼吸器都有已知的防护时间，不随现场有害物浓度高低而变化，都是正压式，具有最高水平的防护能力，使用中不受外界因素变化的影响，比其他类型的呼吸器更安全。

2）一般危害环境（非 IDLH 环境）的防护

选择呼吸防护用品指定防护因数（APF，是一种或一类适宜功能的呼吸防护用品，在适合使用者佩戴且正确使用的前提下，预期能将空气污染物浓度降低的倍数）大于危害因数的呼吸防护用品。各类呼吸防护用品的 APF 见表 4—7。

表 4—7　　各类呼吸防护用品的 APF

呼吸防护用品类型	面罩类型	正压式	负压式
自吸过滤式	半面罩	不适用	10
	全面罩		100
送风过滤式	半面罩	50	不适用
	全面罩	200～1 000	
	开放型面罩	25	
	送气头罩	200～1 000	
长管呼吸器	半面罩	50	10
	全面罩	1 000	100
	开放型面罩	25	不适用
	送气头罩	1 000	
携气式正压呼吸防护器（SCBA）	半面罩	＞1 000	10
	全面罩		100

从上表可以看出，半面罩类型仅适合有害物浓度不超过 10 倍职业卫生标准的环境，超过 10 倍的必须采用全面罩类型，且最高不得超过 100 倍。但这并不是绝对的，在实际工作中，劳动者必须要保证全程佩戴并正确使用，才能保证防护效果。

根据有害环境选择呼吸防护用品，具体见表 4—8。

表4—8　　根据有害环境选择呼吸防护用品

有害环境				适用的呼吸防护用品种类																							
				携气式				供气式					送风过滤式									自吸过滤式					
				正压式		负压式		正压式			负压式		防毒			防尘			防尘防毒			防毒		防尘		防尘防毒	
				H	F	H	F	H	T	L	H	F	H	T	L	H	T	L	H	T	L	H	F	H	F	H	F
氧气浓度未知				√																							
缺氧，氧气浓度<19%				√																							
空气污染物和浓度未知				√																							
不缺氧且空气污染物浓度已知	IDLH环境			√					⊙																		
	空气污染物为有毒气体和蒸气	危害因数	<10	√	√	√	√	√	√	√	√	√	√	√	√				√	√	√	√	√	√	√	√	√
			<25	√	√		√	√	√	√		√	√	√	√				√	√	√		√				√
			<50	√	√		√	√	√			√	√	√					√	√			√				√
			<100	√	√		√		√			√		√						√			√				√
			<1 000	√	√				√					√						√							
			≥1 000	√	√																						

续表

有害环境				适用的呼吸防护用品种类																						
				携气式				供气式					送风过滤式									自吸过滤式				
				正压式		负压式		正压式			负压式		防毒			防尘			防尘防毒			防毒		防尘		防尘防毒
				H	F	H	F	H	T	L	H	F	H	T	L	H	T	L	H	T	L	H	F	H	F	H	F
不缺氧且空气污染物浓度已知	空气污染物为颗粒物	危害因数	<10	√	√	√	√	√	√	√	√	√				√	√	√	√	√	√			√	√	√	√
			<25	√	√		√	√	√	√		√				√	√	√	√	√	√				√		√
			<50	√	√		√	√	√			√				√	√		√	√					√		√
			<100	√	√		√		√			√					√			√					√		√
			<1 000	√	√				√								√			√							
			≥1 000	√	√																						

续表

有害环境				适用的呼吸防护用品种类																							
				携气式				供气式					送风过滤式										自吸过滤式					
				正压式		负压式		正压式			负压式		防毒			防尘			防尘防毒			防毒		防尘		防尘防毒	
				H	F	H	F	H	T	L	H	F	H	T	L	H	T	L	H	T	L	H	F	H	F	H	F
不缺氧且空气污染物浓度已知	空气污染物为有毒气体、蒸气和颗粒物	危害因数	<10	√	√	√	√	√	√	√	√	√							√	√	√					√	√
			<25	√	√		√	√	√	√		√							√	√	√						√
			<50	√	√		√	√	√			√							√	√							√
			<100	√	√		√		√			√								√							
			<1 000	√	√				√											√							
			≥1 000	√	√																						

注：1.√表示允许选用；⊙表示在符合“在配备适合的辅助逃生型呼吸防护用品前提下，配全面罩或送气头罩的正压供气式呼吸防护用品规定”情况下允许选用。

2. H表示半面罩；F表示全面罩；T表示全面罩和送气头罩；L表示开放型面罩。

3. 呼吸防护用品选择举例参见后面范例。

（3）呼吸器与使用者个体相适应

1）适配性

密合型面罩（如口罩、可更换半面罩和全面罩）必须和使用者脸部紧密贴合，不存在明显的泄漏，否则防护会失效。适合性检验包括定性（气味、压力）和定量（实验室）方法。

2）适宜性

材质可与皮肤表面接触，无害、舒适。

25. 呼吸防护用品的使用和过滤原件更换

（1）头戴式随弃式口罩（一次性口罩）佩戴方法

1）面向口罩无鼻夹的一面，使鼻夹位于口罩上方。

2）将口罩抵住下巴，双手将下方头带拉过头顶，置于颈后耳朵下方。

3）将上方头带拉过头顶，置于颈后耳朵上方。

4）双手手指置于金属夹中部，从中间向两侧按照鼻梁形状向内按压，直至将其完全按压成鼻梁形状为止。

5）在进入工作区域前，必须检查口罩与脸部的密合性，检查要点如下：

①用双手罩住口罩，但不得影响口罩在脸上的位置。

②大力呼气，如果空气从鼻夹处逸出，应按步骤 4 调整鼻夹；如果空气从口罩边缘逸出，应重新调整耳带或头带；如果不能良好地密合，必须重复上述步骤 1～4。

③如果感觉没有空气逸出，则可以进入工作区域。

（2）耳戴式随弃式口罩（一次性口罩）佩戴方法

1）面向口罩无鼻夹的一面，两手各拉住一边耳带，使鼻夹位于口罩上方。

2）用口罩抵住下巴。

3）将耳带拉向耳后，调节耳带至感觉舒适。

4）将双手手指置于金属鼻夹中部，从中向两侧按照鼻梁形状向内按压，直至将其完全按压成鼻梁形状为止。

5）在进入工作区域前，必须检查口罩与脸部的密合性，检查要点参照头戴式随弃式口罩（一次性口罩）。

（3）可更换式半面罩口罩（面具）佩戴方法

1）将半面罩盖住口鼻，调节头带松紧至合适位置，然后套在头顶。

2）调整面罩在脸部的位置，确认头发及胡须没有干涉。

3）一只手托住防毒面具的下方，使面具紧贴面部；另一只手将头带向颈后用力拉紧。

4）检查密合性，可以采用正压气密性检测或负压气密性检测两种方式。如果检测过程中发现面罩漏气，则需要反复调试，直到具备优异的密闭性能。具体方法如下：

①正压检查法：佩戴者用手掌轻轻盖住呼气阀，向面罩内呼气，能感受到面罩的鼓胀。屏住呼吸并保持几秒钟，如果存在泄漏，则面罩将很快松弛回到初始状态。佩戴者应能感知经过皮肤的泄漏气流，并找到漏气位置。

②负压检查法：佩戴者用手掌轻轻盖住滤毒盒/罐进气端口或呼吸器的其他进气口，轻轻吸气，然后屏住呼吸。正常情况下，面罩应该向面部收紧并维持几秒钟，如果泄漏发生，则会有气流进入

面罩内，面罩很快又松弛回自然状态。

（4）全面罩呼吸防护器佩戴方法

1）将面罩头带上 4 个结点放松，用一只手把前额的头发向后按住，另一只手拿住面罩朝向自己的脸。

2）把面罩戴到脸上，并把头带拉到脑后。

3）将下方两个结点处的头带拉紧。

4）将上方两个结点处的头带拉紧。

5）检查密合性，可以采用正压气密型检测或负压气密性检测两种方式。如果检测过程中发现面罩漏气，则需要反复调试直到具备优异的密闭性能。具体方法参见可更换式半面罩口罩（面具）。

（5）过滤元件的更换

1）防颗粒物呼吸器过滤元件的更换

随着颗粒物在过滤材料上的累积，防颗粒物呼吸器吸气阻力逐渐增加。当使用人员感觉呼吸阻力明显增加时，需要更换。

2）防毒呼吸器过滤元件的更换

防毒过滤元件对气体或蒸气的防毒时间是有限的，不及时更换会非常危险。防毒过滤元件的呼吸阻力通常不会随使用时间发生变化，使用寿命会随空气污染物种类、浓度、环境温度和湿度，以及作业强度的变化而不同。很多使用者靠感觉味道或刺激性来判断过滤元件是否失效，这是不安全的。理想情况下，可根据使用条件、污染物种类及浓度水平，建立防毒过滤元件定时更换的时间表，在失效之前更换。

26. 呼吸防护用品的维护、更换和使用管理

（1）日常检查

1）检查过滤元件的有效期

防毒过滤元件必须提供有效期信息。购买防毒面具要查验过滤元件是否在有效期内。防毒过滤元件一旦从原包装中取出存放，其使用寿命将受到影响。在常规熏蒸中暴露 1 h 就应弃掉滤毒罐，只有当熏蒸剂浓度很低时，才可以延长到 2 h。

2）检查面罩

呼吸器面罩通常没有标注有效期，其使用寿命取决于使用、维护和储存条件。每次使用后在清洗保养时，应注意检查面罩本体及部件是否变形。如果呼气阀、吸气阀、过滤元件接口垫片等变形或丢失，应用备件更换；若头带失去弹性或无法调节，也应更换；如果面罩的密封圈部分变形、破损，需整体更换。

（2）清洗

禁止清洗呼吸器过滤元件，包括随弃式防尘口罩、可更换防颗粒物和防毒的过滤元件。可更换式面罩应在每次使用后，按照使用说明书的要求，使用适合的清洗方法进行清洗。不要用有机溶剂（如丙酮、油漆稀料等）清洗沾有油漆的面罩和镜片，这些都会使面罩老化。

（3）储存

呼吸器使用后，应在无污染、干燥、常温、无阳光直射的环境存放；不经常使用时，应在密封袋内储存。防毒过滤元件不应敞口储存，应避免橡胶面罩受压变形，最好在原包装内保存。此外，应急呼吸器应保持待用状态，并置于适宜储存、便于管理、取用方便的地方，不得随意变更存放地点，并清晰标记“应急呼吸器”。

27. 呼吸防护用品常见使用错误

（1）使用纱布口罩用于防粉尘作业

一般的棉纱口罩只能阻挡住一部分粉尘，其阻尘的原理是机械式过滤，也就是当粉尘冲撞到口罩时，经过一层层的阻隔，将一些大颗粒粉尘阻隔在纱布中。但是一些微细粉尘，尤其是粒径小于 5 μm 的粉尘，会从纱布的网眼中穿过去，进入呼吸系统，而粒径小于 5 μm 的粉尘能直接进入肺泡，对人体健康的影响最大，即便多戴几层也不会增强防尘效果，因此，纱布口罩无法起到防尘作用。

（2）使用自行装填的活性炭滤毒盒

滤毒盒属于核心元件，起着吸附过滤有毒有害气体的关键作用，每种滤毒盒填装活性炭的碘值（碘值是判断活性炭吸附能力的基本指标）和重量是有一定规定的。有一些滤毒盒除了加装活性炭以外还加有微量金属元素，另外还要经过排尘、震荡等程序，手工装填达不到合格的标准，不能起到滤毒的作用，因此，滤毒盒失效后，千万不可以自行填装再用。

（3）使用活性炭口罩防毒

从常识来看，防毒口罩可以是活性炭口罩，但活性炭口罩并不能防止所有的有毒气体和一些特殊的气体。由于有毒有害物质的顽固性，有很多有毒有害气体无法用活性炭过滤吸附掉，必须使用其他原理的组合滤罐。这种滤罐专门针对相应有毒物设计，利用中和

反应或其他化学反应去掉有毒有害气体，因此，千万不要把活性炭口罩当成万能口罩使用。

（4）喷漆工作只使用滤毒盒

喷漆产生的漆雾本身是颗粒物的一种，但漆是挥发性的有机物，会产生有机蒸气，所以喷漆工作属于典型尘毒组合工作环境，应同时搭配防颗粒物滤棉及防有机蒸气滤毒盒进行综合防护。选择单一过滤元件就会造成防护不到位。

（5）在口罩（面具）下垫纱布

有人认为在口罩（面具）下面垫上纱布可能会舒服些或者帮助阻挡部分尘毒，但这样做会影响口罩（面具）的密闭性，达不到防护效果，因此在口罩（面具）下垫纱布是错误做法。

28. 听力防护用品的种类和性能指标

护听器也称护耳器，是预防噪声危害的个人防护用品，其作用是保护听力、使劳动者免受噪声过度刺激。戴护听器的目的是将耳朵接收到的噪声限制在 85 dB 以下，达到保护听力的目的。

（1）护听器的种类

护听器有耳塞、耳罩和防噪声头盔等类型，以及带有通信装置的护听器、声学头盔等特殊类型。

1）耳塞

耳塞是插入外耳道内或置于外耳道口处的护听器，适用于 115 dB 以下的噪声环境，分为慢回弹（泡沫型材料）和预成型（橡胶类材料）两类。其特点是体积小，便于携带，可以与个体防护装备组合使用，但易丢失。慢回弹耳塞不能水洗，不适合患有耳疾的人使用。预成型耳塞可水洗，比较耐用。

2）耳罩

耳罩是由围住耳廓四周而紧贴在头部、罩住耳道的壳体所组成的一组护听器，形状像耳机，用隔声的罩子将外耳罩住，耳罩之间用头带或颈带固定，有些耳罩设计可直接插在安全帽两侧的耳罩孔内固定。耳罩的噪声衰减值可以达 10～40 dB，其特点是佩戴方法较简单，佩戴位置稳定，但体积大，有可能和已经使用的安全帽、呼吸器、眼镜等产生冲突，如果佩戴时有眼镜腿垫在耳罩垫下，就会降低降噪能力。耳罩使用寿命较长，平时需要维护保养。

耳塞和耳罩可以单独使用，也可以结合使用，结合使用可使噪声衰减值提高 5～15 dB。

3）防噪声头盔

防噪声头盔可以把头部大部分保护起来，如果再加上耳罩，防噪声效果就更好。这种头盔具有防噪声、防碰撞、防寒、防暴风、防冲击波等功能，适用于强噪声环境，如靶场、坦克舱内部等高噪声、高冲击波的环境。

（2）护听器的性能指标

评价护听器的主要性能指标有声衰减值、舒适性、刺激性、方便性、耐用性等，其中声衰减值是重要的性能指标。

1）声衰减值

声衰减值以受试者在佩戴护听器和不佩戴护听器（裸耳）时的听阈差值表示。差值越大，护听器的性能越好。护听器可使噪声衰减 10～45 dB。

护听器的声衰减性能普遍用 *SNR* 值和 *NRR* 值来描述。*NRR* 是噪声衰减等级，是 Noise Reduction Rating 的缩写。*NRR* 值是按

照美国标准 ANSI S12 PT6—1997 检测的单值降噪，采用（*NRR*－7）/2 来估算实际 A 声级降噪值。*SNR* 是单数值等级，是 Single Number Rating 的缩写。*SNR* 值是按照国际标准 ISO 4969—2015 检测的单值降噪值，采用 *SNR* 值乘以 0.6 估算实际 A 声级降噪值。我国采用的是国际标准化组织规定的 *SNR* 值。

2）舒适性

舒适性是人们佩戴护听器后的主观反应。从护听器的实际使用情况来看，护听器能否得到广泛应用，主要是佩戴后是否舒适。

3）刺激性、方便性和耐用性

刺激性、方便性和耐用性也是性能评价的一些指标。刺激性是指佩戴护耳器一段时间后，对绝大多数人是否有刺激作用，会不会引起皮肤过敏。方便性是指护听器是否结构简单和容易佩戴，适应性强。耐用性是指护听器使用寿命长短，以不易老化、不易损坏为好。

29. 护听器的选择

（1）佩戴护听器的情形

从事噪声作业的劳动者要根据噪声强度暴露情况选择适合的护听器。噪声作业是指存在有损听力、有害健康或有其他危害的声音，且 8 小时/日或 40 小时/周噪声暴露等效声级≥80 dB（A）的作业。当出现以下情况时，应佩戴护听器：

1）当 $L_{EX,8h}$≥85 dB（A）时，劳动者应佩戴护听器（$L_{EX,8h}$表示 8 小时等效声级）。

2）当 $L_{EX,8h}$＜85 dB（A）时，若有佩戴要求时，宜为其提供。

3）当工作环境和健康状况发生改变时，应重新选择护听器。

（2）选择护听器的步骤

1）确定佩戴护听器后的声级目标值（即确定保护水平）

选择护听器应首先确保佩戴护听器后的实际噪声水平不能高于职业卫生标准。但多数情况下，工作场所的噪声水平并不是很高，市场上多数护听器的降噪能力都能满足要求，选择时除了考虑价格因素，最重要的是要考虑使用护听器后的最佳效果，并不是降噪分贝越多越好。一般认为，实际接触噪声在 75 dB（A）至 80 dB（A）之间的效果最好。佩戴护听器后的保护效果见表 4—9。

2）选择适合的声衰减值（降噪值）

目前，市售的护听器标称声衰减值均标有 *SNR* 值和 *NRR* 值，我国采用的是国际标准化组织规定的 *SNR* 值，因此，所选护听器最终得到的降噪结果应满足 L_A（A 计权声级）$-0.6\times SNR\leqslant$ 85 dB（A）的保护效果。

表 4—9　　佩戴护听器后的保护效果

佩戴护听器后的声级 dB（A）	保护水平
＞85	保护不足
80～85	可接受
75～80	好
70～75	可接受
＜70	过度保护

假如某一护听器产品标称 *SNR* 值为 20 dB，那么实际使用时获得的声衰减值为：20×0.6＝12 dB。将劳动者实际接触的噪声值（A 计权声级）减去该衰减值（12 dB），结果必须在 85 dB（A）以

下。最终降噪结果以防护后耳内噪声在 75～80 dB 为最佳，70～75 dB 和 80～85 dB 为可以接受水平，其余均为不可接受水平。

3）选择护听器需考虑的因素

①佩戴时间：佩戴时间越长，越需要选择舒适性高的护听器。

②手部卫生状况：工作中因为手脏而无法触摸护听器时，首选耳罩或预成型耳塞，避免选择慢回弹耳塞。

③耐用：首选预成型耳塞或耳罩。

④佩戴方法简单：首选耳罩或预成型耳塞。

⑤轻巧且防丢失：带线的耳塞。

⑥必须佩戴眼镜时：首选耳塞。

⑦必须佩戴安全帽时：首选耳塞或者颈带式耳罩，若安全帽的设计允许挂耳罩，选可挂安全帽的耳罩。

⑧必须佩戴眼镜和耳罩时：必须对耳罩的实际降噪能力扣除 5 dB。

⑨单独用耳塞或耳罩降噪能力都不够时：同时使用耳塞和耳罩，实际降噪水平以其中 *SNR* 值较大者为准做折算时，再加5 dB。

30. 护听器的使用、更换和维护

（1）耳塞的佩戴和摘取方法

1）慢回弹耳塞

①佩戴前请洗净双手，保持双手干净。

②取出一只耳塞，用一只手的食指和大拇指将其捏细（越细越好）。

③用另一只手将要塞入的耳朵向上、向外提起（这点很关键）

并保持住，然后将搓细的耳塞塞入耳朵中。

④用手扶住耳塞直至耳塞在耳中完全膨胀定型（大约要持续30秒左右）。

⑤摘耳塞时，慢慢旋转拉出耳塞。

2）预成型耳塞

①佩戴前请洗净双手，保持双手干净。

②用一只手将外耳向上后方提起，用另一只手抓住耳塞头将耳塞旋入耳道，然后将耳塞用力向里推或晃动几下，直到感觉密合良好。

③摘耳塞时，慢慢旋转拉出耳塞。

3）耳塞的气密性检查

佩戴好耳塞后，进入噪声环境中，用双手手掌盖住双耳听外面的噪声，然后将双手拿开。如果前后听到的噪声水平没有区别，说明密合性好；反之，需要返回非噪声区重新佩戴。

（2）耳罩佩戴方法

1）打开耳罩，分别完全罩住两边耳朵，调整耳罩头带松紧度，使耳罩牢固地固定在佩戴者头上。

2）调整两边耳罩高度，同时调节头带，使耳罩紧密佩戴的同时，令佩戴者感觉很舒服。

3）头带应该佩戴在头顶的正上方。

（3）护听器的维护和更换

耳塞、耳罩的使用寿命是有限的，需要更换和维护。不同产品的维护、保养和更换要求各不相同，使用者应认真阅读产品使用说明书，按要求正确地维护和更换。

1）耳塞的更换和维护

慢回弹耳塞是不能水洗的耳塞，脏污、破损时应废弃，更换新的。预成型耳塞是可以水洗、可重复使用的耳塞，耳塞清洗后，应放置在通风处自然晾干，不可暴晒；破损或变形时应更换。

2）耳罩

①耳罩垫圈可用布蘸肥皂水擦拭干净，不能将整个耳罩浸泡到水中，尽可能不要接触化学物质。耳罩垫圈长期使用后会老化或破损，应根据制造商的建议适时更换配件。

②耳罩头带变松后，将不能很好密合，需更换新耳罩。

③耳罩应在清洁、干燥的环境中储存，避免阳光直晒。

31. 用人单位应当为劳动者提供符合要求的个人使用的职业病防护用品

根据《职业病防治法》的规定，用人单位必须采用有效的职业病防护设施，并为劳动者提供个人使用的职业病防护用品（以下简称“个人防护用品”）。用人单位为劳动者提供的个人防护用品必须符合防治职业病的要求；不符合要求的，不得使用；严禁配发假冒伪劣个人防护用品或以货币形式代发。

（1）用人单位应建立个人防护用品管理制度

1）在管理上，要设置个人防护用品管理机构或者组织，配备专（兼）职管理人员；制定并实施个人防护用品管理规定；定期对个人防护用品的使用情况进行检查，督促劳动者正确使用好个人防护用品。

2）在使用上，所选用的个人防护用品要能够有效控制职业病危害因素对劳动者健康的损害；用人单位应当向劳动者配发足够数量的个人防护用品；用人单位应当与劳动者签订个人防护用品使用责任书。

3）在培训上，用人单位应当对劳动者进行个人防护用品性能、使用方法、使用要求等相关知识培训，指导劳动者正确使用个人防护用品。

（2）用人单位要制订个人防护用品计划并组织实施

用人单位制订的个人防护用品计划应包括个人防护用品技术指标、更换周期、配备方案等。用人单位应根据工作场所的职业病危害因素的种类、对人体的影响途径、现场生产条件、职业病危害因素的水平（浓度或强度）、个人的生理和健康状况等，为劳动者配备适宜的个人防护用品。

（3）建立个人防护用品发放登记制度

用人单位在发放个人防护用品时应做好相应的记录，包括个人防护用品名称、数量、发放时间，工种，领用人或代领人签字等。

（4）及时维护并定期检测个人防护用品

用人单位应对个人防护用品进行经常性的维护、检修，定期检测其性能和效果，确保其安全有效，并不得擅自让劳动者停止使用个人防护用品。劳动者替换下的个人防护用品应妥善处理，避免重复利用。

上述 4 项内容应一并归档，存入用人单位职业卫生管理档案。

32. 工会组织的责任

（1）工会组织在《职业病防治法》中的作用

《职业病防治法》明确规定，工会组织依法对职业病防治工作

进行监督，维护劳动者的合法权益。用人单位制定或者修改有关职业病防治的规章制度，应当听取工会组织的意见。

工会组织应当督促并协助用人单位开展职业卫生宣传教育和培训，对用人单位的职业病防治工作提出意见和建议，与用人单位就劳动者反映的有关职业病防治的问题进行协调并督促解决。对用人单位违反职业病防治法律、法规，侵犯劳动者合法权益的行为，有权要求纠正；产生严重职业病危害时，有权要求采取防护措施，或者向政府有关部门建议采取强制性措施；发生职业病危害事故时，有权参与事故调查处理；发现危及劳动者生命健康的情形时，有权向用人单位建议组织劳动者撤离危险现场，用人单位应当立即作出处理。

（2）工会组织的责任

1）开展群众性劳动保护监督检查活动

①工会和劳动者代表监督本单位贯彻执行国家职业安全卫生法律法规，监督落实安全生产责任制和规章制度，对违反国家法律法规、不符合职业安全卫生标准规定的问题提出整改意见，问题严重的，送达“限期解决问题通知书”或“隐患整改建议书”；对拒不整改的，要求政府有关部门采取强制性措施。

②工会应监督检查本单位新建、改建、扩建和技术改造工程项目的职业安全卫生设施与主体工程是否同时设计，同时施工，同时投产使用。

③工会应组织职业安全卫生检查，组织劳动者代表对职业安全卫生工作进行督查。对事故隐患和职业病危害工作点建立档案，监督整改和治理，并督促本单位防范事故和职业危害。

④工会应坚决制止违章指挥、违章操作和强令冒险工作。在危

及劳动者生命安全的紧急情况下，用人单位应立即从危险区内撤出劳动者，同时支持或组织劳动者采取必要的避险措施并立即报告。

⑤工会应宣传国家职业安全卫生法律法规、政策及企事业单位的规章制度，提高劳动者的职业病防治维权意识和技能。

⑥工会应设置专门机构，负责接受劳动者投诉，并同有关各方协调，维护劳动者合法权益。

⑦用人单位自觉接受工会和劳动者代表的监督检查，改善职业安全卫生工作。

2）民主管理、民主监督

①用人单位应建立劳动者代表大会制度。工会和劳动者代表大会应认真维护劳动者生命安全和身体健康权利。职业安全卫生工作应列入劳动者代表大会议事日程，并作为“民主评议、厂务公开”的内容。

②用人单位法定代表人定期向劳动者代表大会所作的工作报告应有职业安全卫生内容，劳动者代表大会就批准与否进行表决。

③用人单位的有关职业安全卫生的方针、规划、计划、重大技术改造措施、劳动者培训、预决算等重大方案应提交劳动者代表大会审议，并由劳动者代表大会做出是否批准的决议。

④用人单位的劳动保护组织和相关的重要规章制度应经劳动者代表大会审议通过。

⑤工会组织劳动者代表视察、检查用人单位职业安全卫生工作情况，认真履行民主监督职能。

⑥劳动者代表就职业安全卫生的问题提出质询，用人单位应予以郑重答复。

3）平等协商和签订集体合同

①用人单位与工会建立职业安全卫生平等协商机制，按照“平等协商，协调一致”的原则，建立规范的工作秩序；按照平等协商例会制度和议事规则，商讨职业安全卫生重大问题，合作改善劳动条件和工作环境。

②用人单位和工会或劳动者代表应依法经过平等协商签订集体合同。所签订的综合性集体合同应有职业安全卫生条款，或双方签订职业安全卫生专项集体合同，合同文本应有控制指标和技术、防护措施的具体规定。签订的集体合同文本应履行法定批准程序后生效。

③用人单位和劳动者应遵守集体合同，履行合同条款规定责任、义务和事项。双方应就合同履约情况进行检查，及时发现和纠正违约现象。

④工会应当履行《劳动法》第三十五条“依法签订的集体合同对企业和企业全体职工具有约束力。职工个人与企业订立的劳动合同中劳动条件和劳动报酬等标准不得低于集体合同”的规定，指导劳动者根据《职业病防治法》的有关规定签订劳动合同，帮助劳动者维护合法权益。

第五章

职业病诊断与鉴定

33. 职业病判别基本标准

根据《职业病防治法》有关规定，《职业病分类和目录》中的法定职业病要满足以下 5 个条件，缺一不可：

（1）患病主体是用人单位的劳动者

首先，劳动者要确定自己是受雇于合法的用人单位，该用人单位已经在工商部门批准登记注册，并领取营业执照。用人单位是否合法，可以到当地工商部门的网站上进行查询。

其次，劳动者必须与用人单位存在实际上的劳动雇佣关系，或者说劳动者与用人单位已经签订了劳动合同。若没有签订劳动合同，劳动者可通过以下几种主要方式证明劳动关系：

1）工资发放证明

如工资卡、存折、工资条、其他工资发放记录等，最好有单位盖章。如无法搜集到上述原件，也可以用复印或拍照原件代替。

2）证明职务、职位身份的证件

如用人单位发放的“资格证”“工作证”“服务证”“上岗证”“外派证”等，最好有单位盖章。如无法搜集到上述原件，也可以用复印或拍照原件方式来证明。

3）用人单位的考勤记录

如考勤表、出勤卡、劳动者花名册等。如无法搜集到上述证据原件，可采取复印或拍照方式搜集。

4）通过用人单位缴纳社会保障基金查证劳动关系

根据《中华人民共和国社会保险法》（以下简称《社会保险法》）的有关规定，职工应当参加养老保险、基本医疗保险、工伤保险、失业保险、生育保险等社会保险，缴纳保险费。劳动者可以携带有效身份证件去当地的社保机构查询，或者登录当地的社保网输入身份证号进行明细查询。

（2）必须是在从事职业活动的过程中产生的

劳动者所患职业病一般发生在工作期间。但是，由于一些有害化学物质或其代谢产物在体内蓄积，经过较长的潜伏期后，对劳动者的身体造成疾病或健康损害。因为这些蓄积在体内的有害物质是在工作期间接触的，所以一些劳动者在脱离接触职业病危害因素后也可以被诊断为职业病。如接触下列一些职业病危害因素，可能会在离岗后被诊断出职业病：

1）无机粉尘，包括游离二氧化硅粉尘、煤尘、石棉粉尘等无机粉尘。

2）一些化学物质，如锰及其无机化合物、铍及其无机化合物、镉及其无机化合物、铬及其无机化合物、砷、联苯胺、焦炉逸散物等。

（3）必须是接触职业病危害因素引起的

劳动者所患疾病或健康损害表现与其所接触的职业病危害因素的关系不能排除。因为职业病是一种病因明确的疾病，不接触职业病危害因素就不会得职业病。因此，要弄清楚自己在生产过程中接触的职业病危害因素是什么，最简单的办法就是参考用人单位工作场所职业病危害因素检测资料。按照《职业病防治法》的规定，用人单位应定期进行工作场所职业病危害因素检测，并予以公布。若没有工作场所职业病危害因素检测资料，可向安监部门反映，让其帮助劳动者搜集资料。

另外，在2015年国家卫生计生委等4部门颁布的《职业病危害因素分类目录》中，将职业病危害因素分为六大类：粉尘、化学因素、物理因素、放射性因素（电离辐射）、生物因素及其他因素。该目录中有详尽的职业病危害因素名称（参见本书第二章相关内容），劳动者可以自己查询资料，获取相关信息。需要注意的是，在实际生产过程中，往往同时存在多种职业病危害因素对劳动者的健康产生联合作用。要想进一步确认劳动者所患疾病或健康损害表现与其所接触的职业病危害因素的关系，就需要到职业病诊断机构进一步检查，对健康损害的原因和程度予以甄别和确认。

（4）必须是国家公布的《职业病分类和目录》所列职业病

根据《职业病防治法》对职业病的定义，《职业病分类和目录》名单中所列的职业病被称为法定职业病。劳动者最终被确诊的职业病必须在《职业病分类和目录》的名单中，否则即便是所患疾病不能排除职业关系，如长期频繁弯腰作业导致腰肌劳损、长期站立工作导致下肢静脉曲张等，诊断上也只能是与工作有关的疾病，劳动者可以在咨询有关职业病防治机构或政府网站上查询相关资料，获取更为详细的信息。

（5）必须是经批准的职业病诊断机构诊断

根据《职业病防治法》及《职业病诊断与鉴定管理办法》的有

关规定，承担职业病诊断的医疗机构应当经省、自治区、直辖市人民政府卫生行政部门批准。劳动者可以选择用人单位所在地、本人户籍所在地或者经常居住地的职业病诊断机构进行职业病诊断。这些机构可以在当地人民政府卫生行政部门和职业病防治机构的网站上查找到具体地址和联系方式。

34. 诊断职业病应具备的条件

（1）诊断职业病所需材料

职业病诊断需要以下资料：

1）劳动者职业史和职业病危害接触史（包括在岗时间、工种、岗位、接触的职业病危害因素名称等）。

2）劳动者职业健康检查结果。

3）工作场所职业病危害因素检测结果。

4）职业性放射性疾病诊断还需要个人剂量监测档案等资料。

5）与诊断有关的其他资料。

上述资料主要由用人单位和劳动者提供，也可由有关机构和职业卫生监管部门提供。劳动者进行职业病诊断时，当事人（可以是用人单位，也可以是劳动者，以下相同）对劳动关系、工种、工作岗位或者在岗时间等职业史、职业病危害接触史有争议的，可向用人单位所在地劳动人事争议仲裁委员会申请仲裁。其他资料如劳动者不掌握，可由职业病诊断机构书面通知用人单位提供；用人单位未在规定时间内提供的，职业病诊断机构可以依法提请安全生产监督管理部门督促用人单位提供。劳动者对用人单位提供的工作场所职业病危害因素检测结果等资料有异议，或者因劳动者用人单位解散、破产而无用人单位提供上述资料的，职业病诊断机构应当依法提请用人单位所在地安全生产监督管理部门进行调查。

（2）职业史与职业病危害接触史

职业史是指劳动者所经历的全部职业活动过程总和。职业病危害接触史是指劳动者接触职业病危害因素的种类及接触时间等。从上述定义可以看出，职业病危害接触史一定是包含在职业史之内的，有可能是全部职业史，也有可能是职业史的一部分。因此，职业史包括从开始脱离学校学习（或者进入工作状态的最初阶段）到目前全部工作经历，按照职业活动时间发展顺序，依次如实全部记录（包括务农、无业、家务、工作状态等）。职业病危害接触史主要包括工种、起止日期、操作岗位、操作过程、接触职业危害因素及其浓度（强度）、实际接触时间、防护设施，以及职业活动中发生的事故和伤害等情况。职业史和职业病危害接触史包括的内容详见表 5—1。

表 5—1　　劳动者职业病危害接触史

职业史和职业病危害接触史	起止时间	工作单位	工种/岗位	每天工作时间	接触的危害因素	防护情况

（3）劳动者职业健康检查结果

这里所说的职业健康检查结果，不只限定在一次检查结果，应该是包括劳动者职业健康监护档案在内的连续性动态的职业健康监

护资料，可以发现劳动者健康变化或健康损害过程，为职业病诊断提供佐证。根据《职业病防治法》的有关规定，用人单位应当为劳动者建立职业健康监护档案，并按照规定的期限妥善保存。职业健康监护档案应当包括劳动者的职业史、职业病危害接触史、职业健康检查结果和职业病诊疗等有关个人健康资料。

（4）工作场所职业病危害因素检测结果

职业病危害因素检测与评价结果是职业病诊断的重要依据之一，根据《职业病防治法》的有关规定，用人单位应当定期对工作场所进行职业病危害因素检测、评价。检测、评价结果存入用人单位职业卫生档案，定期向所在地安全生产监督管理部门报告并向劳动者公布。

（5）职业性放射性疾病诊断还需要个人剂量监测档案等资料

根据《职业病防治法》和《放射性同位素与射线装置安全和防护条例》的有关规定，对放射工作场所和放射性同位素的运输、储存，用人单位必须配置防护设备和报警装置，保证接触放射性的劳动者佩戴个人剂量计，建立放射性工作劳动者个人剂量档案。个人剂量档案应当包括个人基本信息、工作岗位、剂量监测结果等材料。个人剂量档案应当保存至工作人员年满 75 周岁，或者停止辐射工作 30 年。

（6）用人单位不提供相关材料或劳动者对用人单位提供的相关材料有异议的处理办法

1）在确认劳动者职业史、职业病危害接触史时，当事人对劳动关系、工种、工作岗位或者在岗时间有争议的，向用人单位所在地的劳动人事争议仲裁委员会申请仲裁。

2）用人单位未在规定时间内提供职业病诊断所需要的材料时，

职业病诊断机构可以提请安全生产监督管理部门督促用人单位提供。

3）劳动者对用人单位提供的工作场所职业病危害因素检测结果等资料有异议，或者因劳动者的用人单位解散、破产，无用人单位提供上述资料的，职业病诊断机构应当提请用人单位所在地安全生产监督管理部门进行调查。

4）经安全生产监督管理部门督促，用人单位仍不提供工作场所职业病危害因素检测结果、职业健康监护档案等资料或者提供资料不全的，职业病诊断机构应当结合劳动者的临床表现、辅助检查结果、劳动者的职业史、职业病危害接触史，并参考劳动者自述、安全生产监督管理部门提供的日常监督检查信息等，作出职业病诊断结论。仍不能作出职业病诊断的，应当提出相关医学意见或者建议。

35. 职业病诊断申请

（1）劳动者去哪申请职业病诊断

根据《职业病防治法》第四十四条的规定，劳动者可以在用人单位所在地、本人户籍所在地或者经常居住地依法承担职业病诊断的医疗卫生机构进行职业病诊断。

省、自治区、直辖市人民政府卫生行政部门应当向社会公布本行政区域内职业病诊断机构名单、地址、诊断项目等相关信息。劳动者可以在当地人民政府卫生行政部门和职业病防治机构的网站上查找到职业病诊断机构名单、具体地址和联系方式。

（2）职业病诊断步骤

1）职业病诊断机构应当接诊劳动者提请职业病诊断的，职业病诊断机构应告知劳动者职业病诊断的程序和所需材料。劳动者应当填写“职业病诊断就诊登记表”，并提交其掌握的有关职业病诊断资料。

2）职业病诊断机构对当事人提供的劳动者职业史、职业病危害接触史进行确认。当事人对劳动关系、工种、工作岗位或者在岗时间有争议的，职业病诊断机构应当告知当事人依法向用人单位所在地的劳动人事争议仲裁委员会申请仲裁。

3）职业病诊断机构进行职业病诊断时，应当书面通知劳动者所在的用人单位提供其掌握的上述职业病诊断资料，用人单位应当在接到通知后的 10 日内如实提供。

4）职业病诊断机构组织 3 名以上单数职业病诊断医师进行集体诊断。职业病诊断机构作出职业病诊断结论后，应当出具职业病诊断证明书。职业病诊断证明书应当包括以下内容：

①劳动者、用人单位基本信息。

②诊断结论。确诊为职业病的，应当载明职业病的名称、程度（期别）、处理意见。

③诊断时间。

职业病诊断证明书应当由参加诊断的医师共同签署，并经职业病诊断机构审核盖章。职业病诊断证明书一式三份，劳动者、用人单位各一份，诊断机构存档一份。职业病诊断证明书的格式由国家卫生计生委统一规定。

36. 职业病诊断鉴定结论异议的处理

（1）应当申请职业病诊断鉴定的情形

职业病诊断鉴定是由卫生行政部门依法组织职业病诊断鉴定委员会依程序进行的行政技术仲裁，其本意不是对职业病有或无的鉴定，而是针对当事人对职业病诊断结论有异议而进行的仲裁行为，因此称为职业病诊断鉴定，简称职业病鉴定。

1）当事人对职业病诊断机构作出的职业病诊断结论有异议的，可以在接到职业病诊断证明书之日起 30 日内，向职业病诊断机构所在地设区的市级卫生行政部门申请鉴定。设区的市级职业病诊断鉴定委员会负责职业病诊断争议的首次鉴定。

2）当事人对设区的市级职业病鉴定结论不服的，可以在接到鉴定书之日起 15 日内，向原鉴定组织所在地省级卫生行政部门申请再鉴定。职业病鉴定实行两级鉴定制，省级职业病鉴定结论为最终鉴定。

（2）承担职业病诊断鉴定工作的机构

按照《职业病诊断与鉴定管理办法》的有关规定，卫生行政部门可以指定办事机构，具体承担职业病诊断鉴定的组织和日常工作。设区的市级以上地方卫生行政部门应当向社会公布本行政区域内依法承担职业病诊断鉴定工作的办事机构的名称、工作时间、地点和鉴定工作程序。

（3）职业病诊断鉴定需要的资料

职业病诊断鉴定需要以下资料：

1）职业病诊断鉴定申请书。

2）职业病诊断证明书，申请省级鉴定的还应当提交市级职业病鉴定书。

3）卫生行政部门要求提供的其他有关资料。

申请职业病诊断鉴定的当事人应该提供职业病诊断鉴定申请书和职业病诊断证明书。职业病诊断鉴定办事机构根据需要可以向原职业病诊断机构或者首次职业病诊断鉴定的办事机构调阅有关的诊断、鉴定材料，也可以向有关单位调取与职业病诊断、鉴定有关的材料。

（4）职业病诊断鉴定步骤

1）职业病诊断鉴定办事机构应当自收到申请资料之日起 5 个工作日内完成资料审核。资料齐全的，发给受理通知书；资料不全的，应当书面通知当事人补充；资料补充齐全的，应当受理申请并组织鉴定。

2）职业病诊断鉴定办事机构收到当事人鉴定申请之后，根据需要可以向原职业病诊断机构或者首次职业病诊断鉴定的办事机构调阅有关的诊断、鉴定资料。原职业病诊断机构或者首次职业病诊断鉴定办事机构应当在接到通知之日起 15 日内提交。

3）职业病诊断鉴定办事机构应当在受理鉴定申请之日起 60 日内组织鉴定，形成鉴定结论，并在鉴定结论形成后 15 日内出具职业病诊断鉴定书。

（5）职业病诊断鉴定专家的组成

参加职业病诊断鉴定的专家，应当由申请鉴定的当事人或者当事人委托的职业病诊断鉴定办事机构从专家库中按照专业类别以随机抽取的方式确定。抽取的专家组成职业病诊断鉴定专家组（以下简称专家组）。经当事人同意，职业病诊断鉴定办事机构可以根据鉴定需要聘请本省、自治区、直辖市以外的相关专业专家作为专家组成员，并有表决权。专家组人数为5人以上单数，其中相关专业职业病诊断医师应当占本次专家人数的半数以上。鉴定疑难病例时，应当增加专家组人数，充分听取意见。专家组设组长一名，由专家组成员推举产生。职业病诊断鉴定会议由专家组组长主持。

参与职业病诊断鉴定的专家有下列情形之一的，应当回避：

1）是职业病诊断鉴定当事人或者当事人近亲属的。

2）已参加当事人职业病诊断或者首次鉴定的。

3）与职业病诊断鉴定当事人有利害关系的。

4）与职业病诊断鉴定当事人有其他关系，可能影响鉴定公正的。

（6）职业病诊断鉴定过程

1）根据职业病诊断鉴定工作需要，职业病诊断鉴定办事机构可以向有关单位调取与职业病诊断鉴定有关的资料，有关单位应当如实、及时提供。

2）专家组应当听取当事人的陈述和申辩，必要时可以组织进行医学检查。

3）需要了解被鉴定人的工作场所职业病危害因素情况时，职业病诊断鉴定办事机构可以根据专家组的意见对工作场所进行现场调查，或者依法提请安全生产监督管理部门组织现场调查。依法提请安全生产监督管理部门组织现场调查的，在现场调查结论或者判定作出前，职业病诊断鉴定应当中止。

4）职业病诊断鉴定应当遵循客观、公正的原则，专家组进行职业病诊断鉴定时，可以邀请有关单位人员旁听职业病诊断鉴定会。所有参与职业病诊断鉴定的人员应当依法保护被鉴定人的个人隐私。

（7）职业病诊断鉴定结论

1）专家组在认真审阅鉴定资料，依照有关规定和职业病诊断标准，经充分合议后，根据专业知识独立进行鉴定。鉴定结论经专家组三分之二以上成员通过后，制作鉴定书并加盖职业病诊断鉴定委员会印章。职业病诊断鉴定书应当包括以下内容：

①劳动者、用人单位的基本信息及鉴定事由。

②鉴定结论及其依据。如果为职业病，应当注明职业病名称、程度（期别）。

③鉴定时间。

2）首次鉴定的职业病诊断鉴定书一式四份，劳动者、用人单位、原诊断机构各一份，职业病诊断鉴定办事机构存档一份；再次鉴定的职业病诊断鉴定书一式五份，劳动者、用人单位、原诊断机构、首次职业病诊断鉴定办事机构各一份，再次职业病诊断鉴定办事机构存档一份。职业病诊断鉴定书的格式由国家卫生计生委统一规定。

3）职业病诊断鉴定书应当于鉴定结论作出之日起 20 日内由职业病诊断鉴定办事机构送达当事人。

（8）当事人对职业病诊断鉴定结论有异议的处理

当事人对设区的市级职业病诊断鉴定结论不服的，可以在接到鉴定书之日起 15 日内，向原鉴定组织所在地省级卫生行政部门申请再鉴定。职业病诊断鉴定实行两级鉴定制，省级职业病诊断鉴定结论为最终鉴定。

（9）劳动者在职业病诊断鉴定过程中的权利

1）选择职业病诊断鉴定机构就诊的权利。劳动者可以选择用人单位所在地、本人户籍所在地或者经常居住地的职业病诊断鉴定机构进行职业病诊断鉴定，这进一步扩大了劳动者选择职业病诊断鉴定机构的范围。劳动者依法要求进行职业病诊断鉴定的，职业病诊断鉴定机构应当接诊。

2）知情权。职业病诊断鉴定机构应当告知劳动者职业病诊断鉴定所需材料和程序，并及时告知劳动者诊断鉴定结果。

3）申请劳动仲裁的权利。职业病诊断鉴定过程中，在确认劳动者职业史、职业病危害接触史时，当事人对劳动关系、工种、工作岗位或者在岗时间有争议的，可以依法向用人单位所在地的劳动人事争议仲裁委员会申请仲裁。

4）异议申诉权利。劳动者对用人单位提供的工作场所职业病危害因素检测结果等资料有异议的，职业病诊断鉴定机构应当提请用人单位所在地安全生产监督管理部门进行调查和判定。

5）选择鉴定专家权。劳动者可以自己或者委托职业病诊断鉴定办事机构从专家库中按照专业类别随机抽取鉴定专家。

6）隐私受保护权。职业病诊断鉴定机构及其相关工作人员应当尊重、关心、爱护劳动者，保护劳动者的隐私。

第六章

职业病病人保障与待遇

37. 职业病和工伤的关系

工伤又称为产业伤害、职业伤害、工业伤害、工作伤害等，是指劳动者在从事职业活动或者与职业活动有关的活动时所遭受的不良因素的伤害和职业病伤害。劳动者有下列情形之一的，应当认定为工伤：

（1）在工作时间和工作场所内，因工作原因受到事故伤害的。

（2）工作时间前后在工作场所内，从事与工作有关的预备性或者收尾性工作受到事故伤害的。

（3）在工作时间和工作场所内，因履行工作职责受到暴力等意外伤害的。

（4）患职业病的。

（5）因工外出期间，由于工作原因受到伤害或者发生事故下落不明的。

（6）在上下班途中，受到非本人主要责任的交通事故或者城市轨道交通、客运轮渡、火车事故伤害的。

（7）法律、行政法规规定应当认定为工伤的其他情形。

由此可以看出，职业病只是工伤的一种情形，但这里所说的职业病必须是《职业病分类和目录》中公布的我国法定职业病。

38. 职业病患者如何进行劳动能力鉴定

（1）劳动能力鉴定

根据《工伤保险条例》第二十二条的规定，劳动能力鉴定是指劳动功能障碍程度和生活自理障碍程度的等级鉴定；劳动功能障碍分为 10 个伤残等级，最重的为一级，最轻的为十级；生活自理障碍分为 3 个等级，即生活完全不能自理、生活大部分不能自理和生活部分不能自理。

本书涉及的劳动能力鉴定主要是指受工伤保险制度调节、适用《劳动能力鉴定 职工工伤与职业病致残等级》（GB/T 16180）标准的工伤与职业病的劳动能力鉴定。

（2）政策依据及参照标准

劳动能力鉴定根据《社会保险法》《职业病防治法》等法律，依据《工伤保险条例》《工伤职工劳动能力鉴定管理办法》和《劳动能力鉴定 职工工伤与职业病致残等级》（GB/T 16180）等法规标准进行伤残等级鉴定。

（3）劳动能力鉴定的意义

劳动能力鉴定作为工伤保险工作“三环节”（工伤认定、劳动能力鉴定、待遇给付）之一，是患职业病劳动者享受工伤保险待遇等相关待遇的客观依据，是维护用人单位及个人合法权益，体现社会公平、公正的正常途径，同时也是确保社会保险基金安全运行的重要保障。

（4）劳动能力鉴定的一般流程

1）劳动者进行劳动能力鉴定的条件

劳动者患职业病被认定为工伤，经治疗相对稳定后存在残疾、影响劳动能力的，应当进行劳动能力鉴定。由于职业病具有隐匿性、迟发性的特点，曾经从事接触职业病危害的工作、当时没有发现罹患职业病、离开工作岗位后被诊断为职业病的人员，仍可申请工伤认定与劳动能力鉴定。如已办理退休手续、合同期满或本人提出解除劳动合同后，未再从事接触职业病危害的人员，可以在工伤认定之后正常申请劳动能力鉴定。

2）劳动能力鉴定的申请

用人单位、患职业病的劳动者（或其近亲属）向设区的市级劳动能力鉴定委员会提出劳动能力鉴定申请。职业病的发生、发展与用人单位的工作环境密切相关，为劳动者申请工伤认定、劳动能力鉴定是用人单位的法定责任；劳动者本人也可以提出劳动能力鉴定，是对劳动者权利的一种保护；劳动者近亲属与劳动者存在监护或供养关系的，也有权申请劳动能力鉴定。

劳动能力鉴定的受理机构分为两级，劳动者初次鉴定一般向设区的市级劳动能力鉴定委员会提出申请；对劳动能力鉴定结论不服的，可以向省、自治区、直辖市劳动能力鉴定委员会申请再次鉴定，此级鉴定为最终结论。

3）申请鉴定需要的材料

申请劳动能力鉴定需要准备好以下材料：

①按规定填写的劳动能力鉴定申请表。

②提供“工伤认定决定书”原件和复印件。

③有效的诊断证明、按照医疗机构病历管理有关规定复印或者

复制的检查、检验报告等完整病历资料。职业病劳动者应当提交职业病诊断书（由卫生行政部门批准承担职业病诊断工作的医疗机构出具）。

④患职业病劳动者的居民身份证或者社会保障卡等其他有效的身份证明原件和复印件。

⑤劳动能力鉴定委员会规定的其他材料。

4）审核材料并受理

申请人提供材料后，劳动能力鉴定委员会进行审核；材料不完整的，会自收到申请之日起 5 个工作日内一次性书面告知申请人需要补正的全部材料，劳动能力鉴定申请受理时限从补齐材料之日算起；申请人提供材料完整的，会及时组织鉴定，并在收到申请之日起 60 日内作出劳动能力鉴定结论。

5）组织现场鉴定

劳动能力鉴定委员会收到劳动能力鉴定申请后，从医疗卫生专家库中随机抽取 3～5 名职业病相关科别专家组成专家组。专家根据职业病劳动者病情，结合医疗诊断情况，依据《劳动能力鉴定 职工工伤与职业病致残等级》（GB/T 16180）提出鉴定意见，作出劳动能力鉴定结论。遇伤情（病情）复杂、涉及医疗卫生专业较多的，作出结论的期限可延长 30 日。

6）劳动者按时参加鉴定

劳动者按照劳动能力鉴定委员会提前通知的时间、地点及应当携带的材料参加现场鉴定。对行动不便的劳动者，劳动能力鉴定委员会可以组织专家上门进行劳动能力鉴定；劳动者因故不能参加鉴定的，经劳动能力鉴定委员会同意，可以调整现场鉴定时间，作出劳动能力鉴定结论的期限相应顺延；因鉴定工作需要，专家组提出应当进行有关检查和诊断的，劳动能力鉴定委员会委托具备资格的医疗机构协助进行有关检查和诊断。

专家组主要对劳动者劳动功能障碍程度和生活自理障碍程度进行技术性等级鉴定，并根据《劳动能力鉴定　职工工伤与职业病致残等级》（GB/T 16180）提出鉴定意见。专家鉴定意见不一致时，按照少数服从多数的原则确定专家组的鉴定意见。

案例

以北京市某区的一例职业病劳动能力鉴定说明鉴定过程：

北京×××建筑防水材料有限公司劳动者纪某，男性，88岁，1950—1980年间，从事窑工、制砖工、配料工等工作时接触粉尘、云母，2016年12月8日，经北京大学第三医院诊断为职业性其他（矽尘、云母等混合）尘肺壹期。经单位申请，该劳动者于2017年2月被认定为工伤。

2017年4月6日，单位向北京市某区劳动能力鉴定委员会提出劳动能力鉴定申请，提供的材料有北京市工伤劳动能力鉴定申请表、北京市某区人力资源和社会保障局认定工伤决定书、北京大学第三医院职业病诊断证明书和相关病历，提供了2017年4月13日北京航天总院肺功能检查报告单及血气分析化验单。材料审核通过后，按照劳动能力鉴定委员会通知，纪某于2017年4月19日参加了劳动能力现场鉴定。

纪某由家属陪同步入鉴定室。第一，专家组与纪某进行了简单的交流，并进行基本信息确认，纪某神志清楚、思维正常，可以自主表达；第二，专家组依据所提供的病历及相关材料与纪某核对职业病史，记录职业病诊治过程；第三，专家组对纪某进行了简要的查体，结合近期检查中的几项关键指标——FVC 57%、FEV_1 71%、FEV_1/FVC 100%、PO_2 60.5 mmHg，判定纪某目前为肺功能中度损伤；第四，专家组将纪某当前的职业病诊断和肺功能状况与相关标准对照，符合尘肺壹期伴肺功能中度损伤或中度低氧血症，且目前纪某无生活自理障碍，由此提出鉴定意见：已达到工伤等级标准四级，无生活自理障碍；第五，专家书写北京市医疗专家级劳动能力鉴定、确认意见表，参加鉴定的专家都签署意见并签名，北京市某区劳动能力鉴定委员会将专家意见录入系统，形成劳动能力鉴定结论书。

劳动能力鉴定结论书载明了下列事项：①劳动者及用人单位的基本信息；②伤情介绍，包括伤残部位、器官功能障碍程度、诊断情况等；③作出鉴定的依据；④鉴定结论。

7）鉴定结论的送达

劳动能力鉴定委员会应当自作出鉴定结论之日起 20 日内将劳动能力鉴定结论及时送达工伤劳动者及其用人单位。

8）劳动能力再次鉴定和复查鉴定

患职业病的劳动者或者其用人单位如果对初次鉴定结论不服，可以在收到该鉴定结论之日起 15 日内向省、自治区、直辖市劳动能力鉴定委员会申请再次鉴定。再次鉴定在体现劳动能力鉴定程序的科学性的同时，也使用人单位及劳动者有了公平申诉的机会。

自劳动能力鉴定结论作出之日起 1 年后，认为伤残情况发生变化的，可以申请复查鉴定。患职业病劳动者随着年龄的增长，劳动功能障碍程度和生活自理障碍程度一般都会出现不同程度地加重，

1年后的复查鉴定可以更为准确地保护职业病劳动者的合法权益，进一步享受相应的工伤保险待遇。

39. 职业病工伤保险的实施

（1）劳动者享受工伤保险待遇的法律保障

《社会保险法》第三十三条规定："职工应当参加工伤保险，由用人单位缴纳工伤保险费，职工不缴纳工伤保险费。"第三十六条规定："职工因工作原因受到事故伤害或者患职业病，且经工伤认定的，享受工伤保险待遇；其中，经劳动能力鉴定丧失劳动能力的，享受伤残待遇。"

《职业病防治法》第五十七条规定："职业病病人的诊疗、康复费用，伤残以及丧失劳动能力的职业病病人的社会保障，按照国家有关工伤保险的规定执行。"

《工伤保险条例》第六十六条规定："无营业执照或者未经依法登记、备案的单位以及被依法吊销营业执照或者撤销登记、备案的单位的职工受到事故伤害或者患职业病的，由该单位向伤残职工或者死亡职工的近亲属给予一次性赔偿，赔偿标准不得低于本条例规定的工伤保险待遇；用人单位不得使用童工，用人单位使用童工造成童工伤残、死亡的，由该单位向童工或者童工的近亲属给予一次性赔偿，赔偿标准不得低于本条例规定的工伤保险待遇。具体办法由国务院社会保险行政部门规定。

"前款规定的伤残职工或者死亡职工的近亲属就赔偿数额与单位发生争议的，以及前款规定的童工或者童工的近亲属就赔偿数额与单位发生争议的，按照处理劳动争议的有关规定处理。"

（2）患职业病劳动者法定享受的工伤保险待遇

1）劳动者治疗期间的工伤保险待遇

主要包含工伤保险基金可支付的医疗费用、康复费用及其他相关费用。患职业病的劳动者可以享受工伤医疗待遇，即在签订服务协议的医疗机构就医和康复，符合规定的费用可由工伤保险基金支付，但治疗非工伤引发的疾病不享受工伤医疗待遇，按照基本医疗保险的规定执行。

劳动者还可享受住院治疗职业病的伙食补助费（医疗机构出具证明、报经办机构同意），到统筹地区以外就医的交通食宿费由工伤保险基金支付。

对于工伤认定有异议的，行政复议和诉讼期间，劳动者仍享受工伤医疗待遇。

2）劳动能力鉴定结论对应的工伤保险待遇

劳动能力鉴定结论包括劳动功能障碍程度和生活自理障碍程度两部分。劳动功能障碍程度的 10 个伤残等级和生活自理障碍程度的 3 个等级分别对应不同的赔偿和保障标准。

患职业病的劳动者经劳动能力鉴定后，可以享受一次性伤残补助金。一至四级伤残的，保留劳动关系，退出劳动岗位，可按月领取伤残津贴；存在生活自理障碍的，可以按月领取生活护理费；五至六级伤残的，保留与用人单位的劳动关系，难以安排工作的，由用人单位按月发放伤残津贴。劳动者与用人单位解除劳动、聘用合同的，可以领取一次性工伤医疗补助金和一次性伤残就业补助金。

①一次性伤残补助金的标准为：十级伤残为 7 个月的本人工资，九级为 9 个月的本人工资，八级为 11 个月的本人工资，七级

为13个月的本人工资，六级伤残为16个月的本人工资，五级为18个月的本人工资，四级伤残为21个月的本人工资，三级为23个月的本人工资，二级为25个月的本人工资，一级为27个月的本人工资。这里所说的“本人工资”是指劳动者因工作遭受事故伤害或者患职业病前12个月平均月缴费工资。

一至四级伤残按月领取伤残津贴的标准为：一级伤残为本人工资的90%，二级伤残为本人工资的85%，三级伤残为本人工资的80%，四级伤残为本人工资的75%。

五至六级伤残由用人单位按月发放伤残津贴的标准为：五级伤残为本人工资的70%，六级伤残为本人工资的60%。

②生活自理障碍的3个等级——完全生活自理障碍、大部分生活自理障碍和部分生活自理障碍，其领取标准分别为统筹地区上年度劳动者月平均工资的50%、40%和30%。

③患职业病劳动者因日常生活或者就业需要，经劳动能力鉴定委员会确认，可以配置辅助器具，如尘肺病劳动者可配置制氧机，职业性噪声聋劳动者可配置助听器等，所需费用按标准由工伤保险基金支付。

3）其他相关工伤保险待遇

①劳动者因工死亡，其近亲属按照规定从工伤保险基金领取丧葬补助金、供养亲属抚恤金和一次性工亡补助金。一般患职业病劳动者在工作中急性死亡者较少，在停工留薪期内因职业病导致死亡的，其近亲属可享受丧葬补助金；被鉴定为一至四级伤残的职业病劳动者在停工留薪期满后死亡的，其近亲属可享受丧葬补助金和供养亲属抚恤金。

②劳动者因工外出期间发生事故下落不明的，从事故发生当月

起 3 个月内照发工资，从第 4 个月起停发工资，由工伤保险基金向其供养亲属按月支付供养亲属抚恤金。生活有困难的，可以预支一次性工亡补助金的 50%。劳动者被人民法院宣告死亡的，按照劳动者因工死亡的规定处理。

（3）停止享受工伤保险待遇的情形

1）丧失享受待遇条件的

即随着时间推移，患职业病劳动者或因职业病死亡的劳动者的供养亲属不再具备享受原有工伤待遇的条件，例如，因职业病死亡的劳动者的供养亲属中，子女已年满 18 周岁即不再属于供养范围。

2）拒不接受劳动能力鉴定的

劳动能力鉴定需要劳动者提出申请并参加现场鉴定，才能够做出较为准确的鉴定结论。少数劳动者由于不了解政策，担心鉴定后劳动合同的存续问题、赔偿问题等，与单位之间沟通不畅或存在分歧，不愿进行劳动能力鉴定。大部分工伤保险待遇的享受要以劳动能力鉴定结论为依据，因此，劳动者拒不接受劳动能力鉴定直接影响工伤保险待遇的享受。

3）拒绝治疗的

工伤保险是为了保障因工作遭受事故伤害或者患职业病的劳动者获得医疗救治和经济补偿，劳动者拒绝治疗就意味着放弃享受工伤保险待遇的权利。

（4）用人单位应当承担的责任

1）工伤待遇

用人单位应当支付符合规定的工伤待遇等有关费用，主要包括：

①劳动者治疗工伤期间的工资福利。

②五级、六级伤残劳动者按月领取的伤残津贴。

③终止或解除劳动合同时的一次性伤残就业补助金。

2）特殊情况下单位的工伤保险责任

①用人单位分立、合并、转让的，承继单位在办理工伤保险变更登记后，继续承担原用人单位的工伤保险责任。原用人单位未参加工伤保险，劳动者发生工伤后，由承继单位按标准支付工伤保险待遇费用。

②用人单位实行承包经营的，工伤保险责任由劳动者劳动关系所在单位承担。

③劳动者被借调期间发生工伤的，由原用人单位承担工伤保险责任，原用人单位与借调单位可以约定补偿办法。

④用人单位破产的，在破产清算时依法拨付应当由单位支付的工伤保险待遇费用。

3）用人单位未参加工伤保险应当承担的责任

①用人单位未按照规定参加工伤保险，由社会保险行政部门责令限期参加，补缴应当缴纳的工伤保险费，并自欠缴之日起加收万分之五的滞纳金。逾期仍不缴纳的，处欠缴数额 1 倍以上 3 倍以下的罚款。

②劳动者所在用人单位未依法缴纳工伤保险费的，发生工伤事故时，用人单位应当采取措施及时救治，并按照规定的工伤保险待遇项目和标准支付费用。

③用人单位参加工伤保险及补充缴纳保险费、滞纳金或罚款后，新发生的费用由工伤保险基金和用人单位按照规定支付。

④劳动者在发生职业病后，按规定正常进行工伤认定与劳动能力鉴定。在待遇给付环节，未参保单位需一并承担工伤保险基金所应支付的费用，当用人单位重新参加工伤保险并完成各类补交后，免于承担新发生的应当由工伤保险基金支付的费用。